JN441025

2026 개정판

법인세 기본

김상미·이용호 지음

세연T&A

개정판을 내면서

세법을 공부하는 사람들에게 접근하기에 가장 부담스럽게 느껴지는 세법이 「법인세법」이라고 생각된다. 그 이유는 법인세는 법인의 소득에 대한 세금으로서 다른 세금들과는 달리 세법 외의 다른 지식, 다시 말해 재무회계에 대한 선행지식이 요구되기 때문이다.

구체적으로 법인세는 회계기준에 따라 산출된 당기순이익을 근간으로 세무조정을 통해 산출된 소득에서 법인세액을 산출하는 방식으로 계산하고 있다.

이와 같은 세무조정을 통한 접근방식은 「법인세법」 제43조 "기업회계기준과 관행의 적용"으로 허용되어 있다. 따라서 법인의 소득금액을 계산할 때 영향을 미치는 자산 · 부채의 평가와 수익인식에 대한 기업회계기준의 내용을 이해하지 못하면 「법인세법」의 이해와 그에 따른 법인세액의 계산이 불가능하게 된다.

이에 본서는 「법인세법」을 처음 접하거나 이미 「법인세법」을 접하였지만 전반적인 체계와 핵심내용을 이해하는 데 어려움을 겪는 사람들에게 부담을 덜어주고자 집필하게 되었다. 이러한 취지에서 본서는 「법인세법」의 다양한 내용 중 가장 기본적인 내용인 각 사업연도의 소득에 대한 법인세를 중심으로 핵심적인 부분만 요약 · 정리하는 방식으로 기술되어 있다.

따라서 본서를 충실하게 이수한다면 법인세의 핵심부분인 각 사업연도의 소득(각 연결사업연도의 소득에 대한 법인세 및 법인과세 신탁재산에 대한 과세특례 포함)에 대한 법인세 관련 전반적인 내용과 체계를 파악하는 데 큰 도움이 될 것으로 생각된다.

특히 각종 국가고시나 공인회계사, 세무사 등 법인세 관련 자격시험을 준비하는 수험생에게는 본서를 통해 법인세의 기초를 다질 수 있는 기본서가 될 것으로 기대된다.

2026년 세법 개정 중 법인세 관련한 주요한 내용은 다음과 같다.

법인세율을 조정하여 법인세 과세표준 구간별로 법인세율을 1퍼센트씩 인상하였다. 아울러 사회적기업의 사회 환원 기능을 강화하기 위해 일반기부금의 손금산입한도를 기존 20%에서 30%로 상향하였다. 한편 지역사랑상품권으로 지출한 기업업무추진비도 전통시장에서 지출한 기업업무추진비와 함께 추가 손금산입한도가 적용되도록 대상을 확대하고, 추가 손금산입한도를 기업업무추진비 한도액의 10퍼센트에서 20퍼센트로 상향하였다. 그리고 연결납세방식 취소 또는 연결자법인 배제 시 이미 대가가 정산된 결손금에 대해서는 사후 조정을 배제함으로써 제도의 합리성을 제고하였다.

본서의 집필과정에서 다소의 아쉬움이 있다면 해당 내용의 이해와 전달에 필요한 다양한 그림과 상세한 설명들이 지면을 최소화하는 과정에서 누락되었다는 것이다. 이러한 미흡한 부분은 향후 개정을 통해 보완할 것을 약속드린다.

매년 그렇듯이 대단히 바쁜 연말연시 일정에도 불구하고 본서의 개정판을 흔쾌히 허락해 주신 세연T&A의 이서원 사장님과 힘든 편집 작업을 감내해 주신 편집부 선생님께도 지면을 통해 감사의 말씀을 드린다. 끝으로 언제나 든든한 버팀목이 되어 주는 사랑하는 가족과 부족한 저자에게 아낌없는 격려와 성원을 보내주시는 주변 모든 분들께 고마움을 전한다.

2026년 1월 15일

봉림골에서 저자들 씀

▌목 차▐

▌제1장 법인세 총설▐

제2장 익 금

제3장 손 금

제4장 손금불산입

제7장 합병 및 분할 특례

제8장 부당행위계산의 부인

제9장 과세표준 및 세액 계산

제10장 연결사업연도소득에 대한 법인세

제11장 법인과세 신탁재산에 대한 과세특례

제 1 장

법인세 총설

1. 법인세의 종류

법인세는 법인의 소득에 대해 부과하는 세금이며, 법인세는 4가지 유형으로 구분된다.

- 각 사업연도의 소득에 대한 법인세
- 청산소득에 대한 법인세
- 토지 등 양도소득에 대한 법인세
- 미환류소득에 대한 법인세

각 사업연도의 소득에 대한 법인세는 매 사업연도에 발생하는 법인 소득에 대한 법인세를 말한다. 청산소득에 대한 법인세는 법인의 존속기간 중 발생한 미실현소득에 대해 청산시에 부과하는 법인세이다. 토지 등 양도소득에 대한 법인세는 개인과 법인간의 양도소득에 대한 과세형평을 도모하기 위하여 법인세 특별부가세라는 세목으로 도입된 세제였으나, 현재는 부동산 투기의 억제와 부동산의 가격안정을 위해 유지되고 있다. 미환류소득에 대한 법인세는 기업의 소득이 투자, 임금 및 배당을 통하여 가계의 소득으로 유입되도록 함으로써 경제의 선순환 구조가 정착되도록 하기 위해 2017년 12월 31일까지 한시적으로 도입되었다가 투자·배당 및 상생협력 촉진을 위한 과세특례(「조세특례제한법」 제100조의32)로 이관되었다.

구 분	각 사업연도소득에 대한 법인세	청산소득에 대한 법인세	토지 등 양도소득에 대한 법인세	미환류소득에 대한 법인세
과세소득	각 사업연도소득	청산소득	토지 등 양도소득	상호출자제한기업집단 소속 법인의 미환류소득
과세표준	• 각 사업연도소득금액 =익금－손금 • 과세표준 =각 사업연도소득금액 －이월결손금 －비과세소득 －소득공제	• 과세표준 =잔여재산가액(또는 합병대가 · 분할대가) －자기자본총액	• 과세표준 =양도가액－장부가액	• ㉮, ㉯ 방법 중 택일 ㉮ : 기업소득×80%－(투자액＋현금배당액＋임금 증가액＋상생협력을 위한 지출액) ㉯ : 기업소득×30%－(현금배당액＋임금증가액＋상생협력을 위한 지출액)
세율	과세표준 2억원 이하분: 10% 2억원 초과 200억원 이하분: 20% 200억원 초과 3,000억원 이하분: 22% 3,000억원 초과분: 25%	좌 동	• 주택 및 별장 : 20%(미등기 40%) • 비사업용 토지 : 10%(미등기 40%) • 조합원입주권 및 분양권 : 20%	20%
신고	사업연도 종료일이 속하는 달의 말일부터 3개월 이내 신고	잔여재산가액 확정일이 속하는 달의 말일부터 3개월 이내 신고	각 사업연도 소득에 대한 법인세에 추가하여 신고	각 사업연도 소득에 대한 법인세에 추가하여 신고

2. 법인세 납세의무

법인세 납세의무자는 법인이며, 내국법인 또는 외국법인 여부, 영리 또는 비영리 여부에 따라 법인세 납세의무의 범위가 달라진다.

내국 or 외국, 영리 or 비영리

2-1 내국법인과 납세의무

내국법인이란 국내에 본점이나 주사무소 또는 사업의 실질적 관리장소를 둔 법인을 내국법인을 말하며, 내국법인은 국내 및 국외에서 발생한 각 사업연도의 소득, 청산소득, 토지 등 양도소득 및 미환류소득에 대하여 법인세 납세의무가 있다.

한편, 국가와 지방자치단체(지방자치단체조합 포함)도 내국법인으로 보지만 이들 내국법인은 과세의 실익이 없기 때문에 국가와 지방자치단체(지방자치단체조합 포함)는 법인세를 납부할 의무가 없다.

구 분	과세소득(납세의무)의 범위
내국법인	▪ 각 사업연도의 국내·외 모든 소득 ▪ 청산소득 ▪ 토지 등 양도소득 ▪ 미환류소득
국가·지방자치단체	납세의무 없음

2-2 외국법인과 납세의무

외국법인이란 외국에 본점 또는 주사무소를 둔 단체(국내에 사업의 실질적 관리장소가 소재하지 아니한 경우만 해당)로서 다음의 어느 하나에 해당하는 단체를 말한다.

- 설립된 국가의 법에 따라 법인격이 부여된 단체
- 구성원이 유한책임사원으로만 구성된 단체
- 그 밖에 해당 외국단체와 동종 또는 유사한 국내의 단체가 「상법」 등 국내의 법률에 따른 법인인 경우의 그 외국단체

외국법인은 국내원천소득 중 각 사업연도의 소득과 토지 등 양도소득에 대하여 법인세 납세의무가 있다.

외국법인	과세소득(납세의무)의 범위
외국에 본점(주사무소)을 둔 법인(사업의 실질적 관리장소가 국내에 있지 아니한 경우만 해당)	▪ 국내원천 각 사업연도의 소득 ▪ 토지 등 양도소득

2-3 비영리법인과 납세의무

비영리법인이란 「영리 아닌 사업」을 목적으로 하는 법인을 말하는데, 구체적으로 내국법인 중 다음의 어느 하나에 해당하는 법인을 말한다.

> ㉠ 「민법」에 따라 설립된 법인
> ㉡ 「사립학교법」이나 그 밖의 특별법에 따라 설립된 법인으로서 ㉠의 법인과 유사한 목적을 가진 법인
> ㉢ 「국세기본법」에 따른 법인으로 보는 단체

비영리내국법인은 각 사업연도의 소득 중 수익사업에서 생기는 소득과 토지 등 양도소득에 대해 법인세 납세의무가 있다.

비영리내국법인	과세소득(납세의무)의 범위
국내에 주사무소를 둔 비영리법인	▪ 수익사업에서 발생한 각 사업연도의 국내 · 외 모든 소득 ▪ 토지 등 양도소득

2-4 비영리외국법인과 납세의무

비영리외국법인이란 외국법인 중 외국의 정부 · 지방자치단체 및 비영리법인(법인으로 보는 단체 포함)을 말한다. 비영리외국법인은 각 사업연도의 국내원천소득 중 수익사업에서 생기는 소득과 토지 등 양도소득에 대하여 법인세 납세의무가 있다.

비영리외국법인	과세소득(납세의무)의 범위
외국에 주사무소를 둔 비영리법인	▪ 각 사업연도의 국내원천소득 중 수익사업에서 발생한 소득 ▪ 토지 등 양도소득

지금까지 설명한 법인의 유형별 과세소득의 범위를 요약하면 다음과 같다.

<table>
<tr><th rowspan="3">소득
법인</th><th colspan="4">소득</th><th rowspan="3">토지 등 양도소득</th><th rowspan="3">청산소득</th><th rowspan="3">미환류소득</th></tr>
<tr><th colspan="2">국내원천</th><th colspan="2">국외원천</th></tr>
<tr><th>모든 소득</th><th>수익사업</th><th>모든 소득</th><th>수익사업</th></tr>
<tr><td>영리내국법인</td><td>○</td><td>–</td><td>○</td><td>–</td><td rowspan="4">○</td><td>○</td><td>○</td></tr>
<tr><td>비영리내국법인</td><td>–</td><td>○*</td><td>–</td><td>○</td><td rowspan="3">–</td><td rowspan="3">–</td></tr>
<tr><td>영리외국법인</td><td colspan="2">10가지(법법 93조)</td><td>–</td><td>–</td></tr>
<tr><td>비영리외국법인</td><td>–</td><td>○</td><td>–</td><td>–</td></tr>
</table>

* 「조세특례제한법」에 규정한 조합법인은 과세표준의 계산과 세율에 특례를 두고 있으며, 비영리내국법인은 이자소득에 대해 원천징수로 납세의무를 종료하는 「완납적 원천징수 분리과세」를 선택할 수 있다.

2-5 연결납세방식

연결납세제도(Consolidated Tax Return)는 모회사와 자회사가 경제적으로 결합되어 있는 경우 해당 모회사와 자회사를 하나의 과세단위로 보아 소득을 통산하여 법인세를 과세하는 제도이다. 연결납세제도는 1917년 미국에서 최초로 도입된 이후 영국, 일본 등 OECD국가 중 21개국에서 도입·운용 중이다. 우리나라는 2010년 1월 1일부터 시행되고 있다.

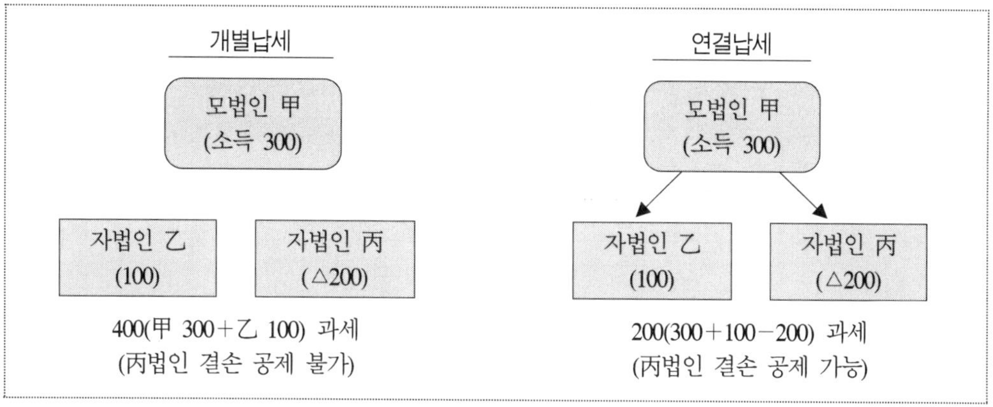

2-6 신탁소득과 납세의무

가. 원 칙

신탁재산에 귀속되는 소득에 대해서는 실질과세에 따라 그 신탁의 이익을 받을 수익자가 그 신탁재산을 가진 것으로 보고 「법인세법」을 적용한다. 따라서 신탁의 이익을 받을 수익자에게 법인세 납세의무가 있다. 같은 취지에서 「자본시장과 금융투자업에 관한 법률」의 적용을 받는 법인(집합투자업자 : 위탁자)의 신탁재산(투자신탁)〔집합투자업 겸영 보험회사의 특별계정(투자신탁)은 제외〕에 귀속되는 수입과 지출은 그 법인(집합투자업자)에 귀속되는 수입과 지출로 보지 아니한다.

나. 특 례

(1) 수탁자에게 납세의무가 있는 경우

다음의 어느 하나에 해당하는 신탁〔「자본시장과 금융투자업에 관한 법률」에 따른 집합투자기구(투자신탁) 및 「소득세법」에 따른 수익증권이 발행된 신탁은 제외〕으로서 위탁자에게 납세의무가 있는 신탁을 제외한 신탁의 경우에는 신탁재산에 귀속되는 소득에 대하여 그 신탁의 수탁자(내국법인 또는 거주자인 경우에 한정)가 법인세를 납부할 의무가 있다. 이 경우 신탁재산별로 각각을 하나의 내국법인으로 본다.

㉠ 「신탁법」에 따른 목적신탁
㉡ 「신탁법」에 따른 수익증권발행신탁
㉢ 「신탁법」에 따른 유한책임신탁
㉣ 그 밖에 ㉠~㉢과 유사한 신탁

(2) 위탁자에게 납세의무가 있는 경우

다음의 어느 하나에 해당하는 요건을 충족하는 신탁의 경우에는 신탁재산에 귀속되는 소득에 대하여 그 신탁의 위탁자가 법인세를 납부할 의무가 있다.

㉠ 위탁자가 신탁을 해지할 수 있는 권리, 수익자를 지정하거나 변경할 수 있는 권리, 신탁 종료 후 잔여재산을 귀속받을 권리를 보유하는 등 신탁재산을 실질적으로 지배·통제할 것
㉡ 신탁재산 원본을 받을 권리에 대한 수익자는 위탁자로, 수익을 받을 권리에 대한 수익자는 위탁자의 지배주주 등의 배우자 또는 같은 주소 또는 거소에서 생계를 같이하는 직계존비속(배우자의 직계존비속 포함)으로 설정했을 것

3. 사업연도

사업연도란 법인의 각 사업연도의 소득을 계산하는 과세기간을 말하는데, 기간과세의 원칙으로 생겨난 개념이다.

3-1 원 칙

사업연도는 법령 또는 정관 등에서 정하는 1회계기간으로 하는데, 그 기간은 1년을 초과

하지 못한다. 만약 1년을 초과하게 되면 매 1년의 기간과 잔여기간을 각각 하나의 사업연도로 본다.

- 법인은 사업연도 개시일과 종료일을 임의로 선택할 수 있다.
- 법인은 최장 1년 범위 내에서 3개월, 6개월, 1년 등의 기간을 임의로 정할 수 있다.
- 사업연도를 1년 6개월로 정한 경우 처음 1년과 잔여 6개월을 각각 1사업연도로 본다.

예컨대, 법인이 정관에 20×1년 1월 1일부터 1년 6개월 단위로 정한 경우 사업연도는 다음과 같다.

정관상 사업연도		법인세법상 사업연도
○ 20×1.1.1∼20×1.12.31	→	1사업연도
○ 20×2.7.1∼20×3. 6.30	→	3사업연도

정관상 사업연도		법인세법상 사업연도
20×2.1.1∼20×2. 6.30	→	2사업연도
20×3.7.1∼20×3.12.31	→	4사업연도

3-2 사업연도를 정하지 않은 경우

법령 또는 정관 등에 사업연도를 정하지 아니한 법인은 따로 사업연도를 정하여 납세지 관할세무서장에게 신고하여야 한다. 만약 이러한 신고를 하지 아니한 경우에는 매년 1월 1일부터 12월 31일까지의 기간을 사업연도로 본다.

3-3 최초사업연도

사업연도는 법령 또는 정관 등에 정한 기간 또는 이를 정하지 않은 경우 「법인세법」에 따로 정한 기간이 된다. 그러나 신설법인은 최초사업연도의 개시일이 정관 등에 정한 개시일과 일반적으로 일치하지 않기 때문에 이를 특별히 정할 필요가 있다. 이에 신설법인의 최초사업연도는 최초사업연도의 개시일부터 사업연도 종료일까지로 한다.

최초사업연도의 개시일이란 내국법인은 설립등기일, 법인격 없는 단체는 설립일(또는 인가일·허가일, 출연재산을 받은 날 등), 외국법인은 국내사업장을 가지게 된 날을 말한다.

다만, 최초 사업연도의 개시일 전에 생긴 손익을 사실상 그 법인에 귀속시킨 것이 있는 경우 조세포탈의 우려가 없을 때에는 최초 사업연도의 기간이 1년을 초과하지 아니하는 범위 내에서 이를 당해 법인의 최초 사업연도의 손익에 산입할 수 있다. 이 경우 최초 사업연도의 개시일은 당해 법인에 귀속시킨 손익이 최초로 발생한 날로 한다.

3-4 사업연도의 변경

법인은 정관 등에 정한 사업연도를 변경할 수 있다. 사업연도를 변경하고자 하는 법인은 그 법인의 직전사업연도 종료일부터 3개월 이내에 세무서장에게 신고하여야 한다. 이 경우 직전사업연도 종료일 이전에 미리 변경신고한 경우에도 적법한 신고로 보며, 법령에 따라 사업연도가 정해지는 법인의 경우 법령의 개정에 따라 사업연도가 변경된 경우에는 변경신고를 하지 않은 경우에도 그 법령의 개정 내용과 같이 사업연도가 변경된 것으로 본다.

그러나 변경신고를 변경신고기한까지 하지 아니한 경우 그 연도에는 법인의 사업연도는 변경되지 아니한 것으로 본다. 예를 들어, 변경신고를 사업연도 종료일부터 3개월이 지나서 한 때에는 변경신고한 해당 사업연도는 변경되지 않은 것으로 본다. 한편, 사업연도가 변경된 경우에는 종전의 사업연도 개시일부터 변경된 사업연도의 개시일 전날까지의 기간을 1사업연도로 하되, 그 기간이 1개월 미만인 때에는 변경한 사업연도에 그 기간을 포함한다. 이 경우에는 사업연도가 1년을 초과하게 된다.

3-5 사업연도의 의제

사업연도의 의제란 「법인세법」으로 사업연도를 정하는 것을 말한다. 사업연도의 의제는 계속사업과 중단사업을 구분하여 과세하려는 것으로 의제사업연도는 중단사업소득을 계산하기 위한 과세기간으로 이해하면 된다.

해산한 경우	▪ 사업연도 개시일부터 해산등기일까지
	▪ 해산등기일 다음 날부터 그 사업연도 종료일까지의 기간
	▪ 잔여재산가액이 사업연도 중에 확정된 경우 그 사업연도 개시일부터 잔여재산가액 확정일까지의 기간

4. 납 세 지

납세지란 납세의무자가 세법상의 의무를 이행하고 과세당국은 세법상의 부과·징수권을 행사하는 장소를 말한다. 법인세의 납세지는 원칙적으로 그 법인의 등기부에 따른 본점이나 주사무소 소재지(국내에 본점 또는 주사무소가 있지 아니한 경우에는 사업을 실질적으로 관리하는 장소의 소재지)로 한다. 법인은 납세지가 변경된 경우에는 그 변경된 날부터 15일 이내에 대통령령으로 정하는 바에 따라 변경 후의 납세지 관할 세무서장에게 이를 신고하여야 한다.

이 경우 납세지가 변경된 법인이 「부가가치세법」 제8조에 따라 그 변경된 사실을 신고한 경우에는 납세지 변경신고를 한 것으로 본다.

5. 각 사업연도소득에 대한 법인세

내국법인의 각 사업연도의 소득에 대한 법인세는 「법인세법」 제13조부터 제76조의22까지로 구성되며, 「법인세법」의 대부분을 차지한다. 그 내용은 ① 과세표준과 그 계산 ② 세액의 계산 ③ 신고 및 납부 ④ 결정·경정 및 징수로 구성된다.

5-1 법인세 과세표준

내국법인의 각 사업연도의 소득에 대한 법인세의 과세표준은 각 사업연도소득의 범위에서 이월결손금, 비과세소득 및 소득공제액을 차례로 공제한 금액으로 하며, 차례로 차감한 금액이 각 사업연도의 소득을 초과하지 못한다.

> 과세표준 = 각 사업연도소득 − 이월결손금 − 비과세소득 − 소득공제액

가. 각 사업연도의 소득

각 사업연도의 소득에 관한 규정은 「법인세법」의 내용 중에서 가장 핵심적인 부분이다. 내국법인의 각 사업연도의 소득은 그 사업연도에 속하는 익금의 총액에서 그 사업연도에 속하는 손금의 총액을 뺀 금액이다. 만약 사업연도에 속하는 손금의 총액이 그 사업연도에 속하는 익금의 총액을 초과하는 경우에 그 초과하는 금액은 **결손금**이라고 한다.

> 각 사업연도소득 = 익금 총액 − 손금 총액

여기에서 각 사업연도의 소득은 「법인세법」의 규정대로 익금 총액에서 손금 총액을 차감하는 방식으로 계산하지 않고 손익계산서의 당기순이익에서 「법인세법」의 규정에 일치시키는 방식으로 조정하여 계산한다. 이것은 법인에게 회계와 세무장부를 이중으로 유지하게 할 경우의 부담을 줄여주기 위한 것이며, 「기업회계의 존중」 및 「기업회계기준과 관행의 적용」 이란 규정으로 명시되어 있다. 다만, 각 사업연도의 소득금액을 계산할 때 익금과 손금의

귀속사업연도 및 자산·부채의 취득 및 평가에 「법인세법」 및 「조세특례제한법」에서 회계기준과 달리 규정한 경우에는 세법규정에 따라 소득금액을 계산하여야 한다.

- 각 사업연도소득 = 손익계산서의 당기순이익 ± 세법과의 차이항목('세무조정'이라 함)
- 각 사업연도의 소득금액 계산에 관한 세법규정은 기업회계에 대한 특례규정이라 할 수 있다

나. 이월결손금

법인세의 과세표준을 계산할 때 공제하는 **이월결손금**이란 각 사업연도의 개시일 전 발생한 각 사업연도의 결손금으로서 그 후의 각 사업연도의 과세표준을 계산할 때 공제되지 아니한 금액 중 다음의 요건을 모두 갖춘 금액을 말한다. 다만, 이월결손금 공제는 각 사업연도 소득의 80%(중소기업과 회생계획을 이행 중인 법인은 100%)를 한도로 하며, 결손금을 공제할 때에는 먼저 발생한 사업연도의 결손금부터 차례대로 공제한다.

- 각 사업연도의 개시일 전 15년 이내에 개시한 사업연도에서 발생한 결손금일 것
- 과세표준 등의 신고, 결정·경정 또는 수정신고한 과세표준에 포함된 결손금일 것

다. 비과세소득·소득공제액

비과세소득과 소득공제액은 「법인세법」 또는 「조세특례제한법」에 규정된 것을 말하며, 과세표준을 계산할 때 공제되지 아니한 비과세소득 및 소득공제액과 최저한세의 적용으로 공제되지 아니한 소득공제액은 다음 사업연도 이후로 이월하여 공제할 수 없다.

5-2 세 액

법인세액은 그 산출단계별로 산출세액, 총부담세액 및 차감납부할 세액으로 구분되며, 구체적인 내용은 다음과 같다.

- 산출세액 = 과세표준 × 법인세율(2억원 이하 : 10%, 2억원~200억원 : 20%,
  200억원~3천억원 : 22%, 3천억원 초과 : 25%)
- 총부담세액 = 산출세액 − 공제감면세액 + 가산세액 + 감면분 추가납부세액
- 차감납부할 세액 = 총부담세액 − 기납부세액(중간예납, 수시부과, 원천납부세액 등)

6. 세무조정

6-1 의 의

세무조정이란 회계기준에 따라 산출된 당기순이익에서 「법인세법」에 따른 각 사업연도 소득으로 고치는 일련의 과정을 말한다. 법인이 장부를 「법인세법」에 맞추어 익금과 손금을 기록하는 경우 세무조정은 필요하지 않지만 회계장부와 세무장부를 별도로 유지하는 데에는 많은 비용이 소요되므로 실무상 회계기준에 따른 당기순이익을 기초로 「법인세법」과 차이가 발생하는 손익항목에 대하여만 가감조정을 하는 것이다.

「법인세법」에도 "내국법인의 각 사업연도의 소득금액을 계산할 때 그 법인이 익금과 손금의 귀속사업연도와 자산·부채의 취득 및 평가에 관하여 일반적으로 공정·타당하다고 인정되는 기업회계기준을 적용하거나 관행을 계속 적용하여 온 경우에는 「법인세법」 및 「조세특례제한법」에서 달리 규정하고 있는 경우를 제외하고는 그 기업회계기준 또는 관행에 따른다"고 규정하여 법적 근거를 마련하였다. 구체적으로 세무조정은 다음과 같은 유형으로 구분된다.

세무조정 유형			예 시
익금조정	익금산입	익금이 수익보다 큰 경우	자기주식처분이익, 간주익금, 의제배당
	익금불산입	수익이 익금보다 큰 경우	금융자산평가이익, 국세환급금이자 등
손금조정	손금산입	손금이 비용보다 큰 경우	인건비, 감가상각비, 차입금이자, 조합비
	손금불산입	비용이 손금보다 큰 경우	자산평가손실, 과다경비, 업무무관비용

6-2 결산조정

결산조정이란 각 사업연도의 소득과 당기순이익과 차이가 발생하는 손익을 법인의 장부에 계상하고 이를 재무제표에 반영한 경우에 한하여 「법인세법」상 손익으로 인정하는 세무조정을 말한다. 결산조정은 세법에는 「손금으로 계상(결산을 확정함에 있어서 손비로 계상하는)」 또는 「수익 또는 비용으로 계상한」 등으로 표현된다. 결과적으로 결산조정사항은 장부의 손익계상액과 「법인세법」상 손익범위액 중 「적은」 금액이 손익으로 인정된다. 「법인세법」에서는 조정이라는 의미보다는 결산상 비용으로 처리하는 절차로서 사실상 기업회계와 관련된 부분이다.

즉, 결산조정항목이란 결산서상 비용(또는 손실)으로 계상하지 않은 경우에 신고조정으로 손금에 산입할 수 없는 손금항목을 말한다. 결산조정항목은 현금지출이 수반되지 않고 법인의 주로 내부거래 또는 내부적 사건에 의해 발생하는 손금항목과 손익의 귀속사업연도에 대한 법인의 재량 선택에 의해 발생하는 항목들로서 결산조정사항의 예는 다음과 같다.

- 감가상각비, 퇴직급여, 대손상각비, 유형·무형자산손상차손, 유형자산폐기손실
- 장기할부판매손익, 단기건설공사수익, 소액수선비, 소액자산, 소모성 기구 등 손금산입

6-3 신고조정

신고조정이란 당기순이익과 차이가 발생하는 손익을 법인의 장부에 계상하지 않고 법인세 과세표준의 신고과정에서 세무조정계산서에 손금 또는 익금을 조정하는 세무조정을 말한다.

일반적으로 세무조정이란 신고조정을 의미하는 것으로 해석하는데, 결산조정 외의 항목은 모두 신고조정이 가능하다. 즉, 신고조정사항은 결산상 비용으로 처리한 경우는 물론 세무조정으로 손금에 산입한 경우에도 손금으로 인정한다.

가. 임의조정사항

결산조정사항과 같이 외부와의 거래가 없는 항목 중 「조세특례제한법」상 준비금과 같이 기업회계기준에 위배되는 것들이 있다. 이러한 항목을 결산조정사항으로 규정하면 법인이 이를 장부에 비용으로 계상하여야 하므로 회계감사시 마찰이 생긴다. 따라서 법인의 의사에 따라 세무상 한도액까지 손금산입으로 세무조정할 수 있도록 허용하고 있는데, 이를 임의조정사항이라고 한다.

나. 강제조정사항

외부와의 거래에 의하여 확정되는 매출액, 인건비, 수선유지비 등은 결산서에 반영해야 한다. 결산서에 이를 계상하지 않은 경우, 결산서와 세법의 차이에 대하여 법인의 의사에 관계없이 반드시 세무조정해야 하는 항목을 강제조정사항이라고 한다. 결산조정사항과 임의조정사항이 아닌 항목들은 모두 강제조정사항이다.

<table>
<tr><th>구 분</th><th colspan="3">내 용</th></tr>
<tr><td>익금불산입</td><td colspan="3" rowspan="2">항상 신고조정을 하여야 하는 사항</td></tr>
<tr><td>손금불산입</td></tr>
<tr><td rowspan="2">익금산입</td><td>결산조정</td><td colspan="2">법인의 재량에 따른 손익의 귀속사업연도에 대한 사항</td></tr>
<tr><td>신고조정</td><td colspan="2">모든 사항</td></tr>
<tr><td rowspan="3">손금산입</td><td>결산조정</td><td colspan="2">감가상각비, 대손상각비, 재고자산평가손실 및 자산손상차손 등</td></tr>
<tr><td rowspan="2">기타</td><td>강제조정</td><td>강제대손사유에 따른 대손금</td></tr>
<tr><td>임의조정</td><td>고유목적사업준비금, 일시상각(압축기장)충당금 등</td></tr>
</table>

세무조정 개요

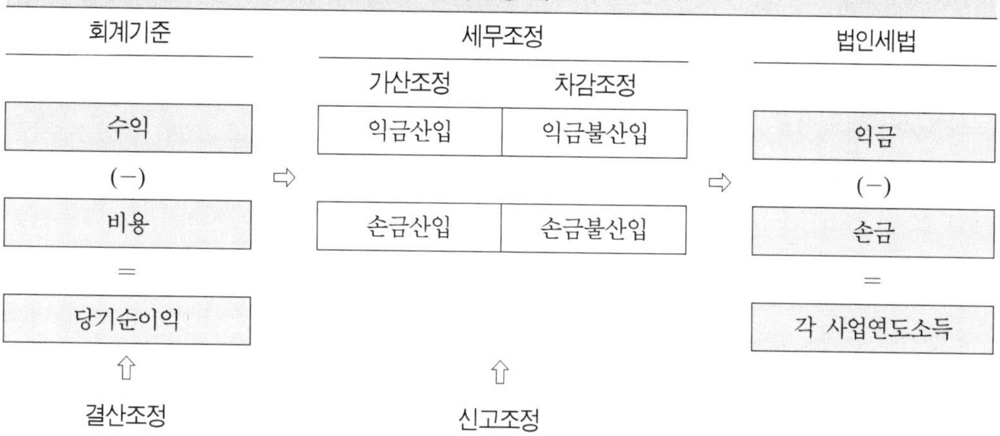

회계기준		세무조정			법인세법
		가산조정	차감조정		
수익	⇨	익금산입	익금불산입	⇨	익금
(−)					(−)
비용		손금산입	손금불산입		손금
=					=
당기순이익					각 사업연도소득
⇧		⇧			
결산조정		신고조정			

- 익금산입 : 결산서상 수익으로 계상하지 않았으나 세법상 익금에 해당하므로 당기순이익에 가산하는 조정(수익<익금)
- 손금불산입 : 결산서상 비용으로 계상하였으나 세법상 손금에 해당하지 않으므로 당기순이익에 가산하는 조정(비용>손금)
- 손금산입 : 결산서상 비용으로 계상하지 않았으나 세법상 손금에 해당하므로 당기순이익에서 차감하는 조정(비용<손금. 단, 신고조정사항인 경우만)
- 익금불산입 : 결산서상 수익으로 계상하였으나 세법상 익금에 해당하지 않으므로 당기순이익에서 차감하는 조정(수익>익금)

6-4 세무조정계산서

가. 의 의

법인세의 신고는 세법에 규정된 법적 형식을 따라야 하는 요식행위이다. 따라서 법인세 신고에는 「법인세과세표준 및 세액신고서」(별지 제1호서식) 외에 반드시 재무제표와 세무조정계산서를 첨부하여야 한다.

세무조정계산서란 법인세 과세표준과 세액의 계산에 필요한 모든 세무조정사항을 망라하는 정형화된 계산서로서 법인세 과세표준 등의 신고시에 첨부되는 모든 계산서 및 명세서를 말하며, 협의로는 「법인세과세표준 및 세액조정계산서」(별지 제3호서식)를 의미한다.

나. 세무조정계산서의 종류

세무조정계산서에는 필수적 첨부서류인 「법인세과세표준 및 세액조정계산서」 외에 기타 과세표준 및 세액계산에 필요하여 작성한 세무조정계산서 부속서류가 있다. 세무조정계산서 부속서류는 필수적 첨부서류가 아니기 때문에 제출이 누락되어도 법인세 신고의 효력에는 영향이 없지만, 「법인세과세표준 및 세액조정계산서」를 누락하는 경우에는 무신고로 본다.

세무조정계산서의 대표적인 예는 다음과 같다.

(1) 법인세과세표준 및 세액조정계산서

법인세과세표준 및 세액조정계산서는 각 사업연도소득금액, 과세표준, 산출세액, 납부할 세액, 토지 등 양도소득 및 미환류소득에 대한 법인세를 기재하는 계산서로서, 이 서식을 제출하지 아니한 경우에는 법인세의 신고가 없는 것으로 본다.

(2) 소득금액조정합계표

소득금액조정합계표란 모든 항목별 세무조정사항을 총괄하고 익금산입 및 손금불산입 사항과 손금산입 및 익금불산입 사항의 항목별 내용, 금액 및 소득처분을 기재하는 서식을 말한다. 다만, 기부금 한도초과액은 기부금의 특성을 고려하여 소득금액조정합계표에 기재하지 아니하고 「법인세과세표준 및 세액조정계산서」에 기재한다.

(3) 자본금과적립금조정명세서(갑)

자본금과적립금조정명세서(갑)은 기업회계상 자본금과 적립금을 기초로 세무계산상의 자본금과 적립금을 계산하고 이월결손금 발생액과 공제액을 기록하는 서식이다. 본 서식은 청산소득금액을 계산하거나 이월결손금의 발생과 소멸내역을 관리하는 데 사용된다.

(4) 자본금과적립금조정명세서(을)

자본금과적립금조정명세서(을)은 일시적 차이를 기록·관리하는 서식으로 과거부터 현재까지 소득금액조정합계표상 「유보」로 소득처분된 증감사항을 기재한 누계표이다. 본 서식의 잔액은 자산 및 부채가 기업회계상 수치(장부금액)와 세법상 수치가 동 금액만큼 차이가 있음을 의미한다.

■ 법인세법 시행규칙〔별지 제3호서식〕

사 업 연 도	. . . ~ . . .	법인세 과세표준 및 세액조정계산서	법인명	
			사업자등록번호	

구분		항목	코드	금액
① 각 사업연도 소득 계산		(101) 결산서상 당기순손익	01	
	소득조정금액	(102) 익 금 산 입	02	
		(103) 손 금 산 입	03	
		(104) 차가감소득금액((101)+(102)-(103))	04	
		(105) 기부금한도초과액	05	
		(106) 기부금한도초과이월액 손금산입	54	
		(107) 각 사업연도소득금액((104)+(105)-(106))	06	
② 과세표준 계산		(108) 각 사업연도소득금액((108)=(107))		
		(109) 이월 결손금	07	
		(110) 비과세 소득	08	
		(111) 소 득 공 제	09	
		(112) 과 세 표 준((108)-(109)-(110)-(111))	10	
		(159) 선박표준이익	55	
③ 산출세액 계산		(113) 과 세 표 준((112)+(159))	56	
		(114) 세 율	11	
		(115) 산 출 세 액	12	
		(116) 지점유보소득(「법인세법」 제96조)	13	
		(117) 세 율	14	
		(118) 산 출 세 액	15	
		(119) 합 계((115)+(118))	16	
④ 납부할 세액 계산		(120) 산 출 세 액((120) = (119))		
		(121) 최저한세 적용대상 공제감면세액	17	
		(122) 차 감 세 액	18	
		(123) 최저한세 적용제외 공제감면세액	19	
		(124) 가 산 세 액	20	
		(125) 가 감 계((122)-(123)+(124))	21	
	기납부세액 / 기한내납부세액	(126) 중간예납세액	22	
		(127) 수시부과세액	23	
		(128) 원천납부세액	24	
		(129) 간접투자회사등의 외국납부세액	25	
		(130) 소계((126)+(127)+(128)+(129))	26	
	기납부세액	(131) 신고납부전가산세액	27	
		(132) 합계((130)+(131))	28	
		(133) 감면분추가납부세액	29	
		(134) 차감납부할세액((125)-(132)+(133))	30	
⑤ 토지등 양도소득에 대한 법인세 계산	양도차익	(135) 등 기 자 산	31	
		(136) 미등기 자산	32	
		(137) 비과세 소득	33	
		(138) 과 세 표 준((135)+(136)-(137))	34	
		(139) 세 율	35	
		(140) 산 출 세 액	36	
		(141) 감 면 세 액	37	
		(142) 차 감 세 액((140)-(141))	38	
		(143) 공 제 세 액	39	
		(144) 동업기업 법인세 배분액 (가산세 제외)	58	
		(145) 가산세액(동업기업 배분액 포함)	40	
		(146) 가 감 계((142)-(143)+(144)+(145))	41	
	기납부세액	(147) 수시부과세액	42	
		(148) (　　) 세액	43	
		(149) 계 ((147)+(148))	44	
		(150) 차감납부할세액((146)-(149))	45	
⑥ 미환류소득 법인세		(161) 과세대상 미환류소득	59	
		(162) 세 율	60	
		(163) 산 출 세 액	61	
		(164) 가 산 세 액	62	
		(165) 이자 상당액	63	
		(166) 납부할세액((163)+(164)+(165))	64	
⑦ 세액계		(151) 차감납부할세액계((134)+(150)+(166))	46	
		(152) 사실과 다른 회계처리 경정 세액 공제	57	
		(153) 분납세액계산범위액 ((151)-(124)-(133)-(145)-(152)+(131))	47	
		(154) 분납할세액	48	
		(155) 차감납부세액((151)-(152)-(154))	49	

■ 법인세법 시행규칙〔별지 제15호서식〕

사 업 연 도	. . . ~ . . .	소득금액조정합계표	법 인 명	
			사 업 자 등록번호	

익금산입 및 손금불산입				손금산입 및 익금불산입			
①과목	②금액	③소득처분		④과목	⑤금액	⑥소득처분	
		처분	코드			처분	코드
합계				합계			

■ 법인세법 시행규칙 〔별지 제50호서식(갑)〕

사업연도	. . . ~ . . .	자본금과 적립금조정명세서(갑)	법인명	
			사업자등록번호	

Ⅰ. 자본금과 적립금 계산서

① 과목 또는 사항		코드	② 기초잔액	당기 중 증감		⑤ 기말잔액	비고
				③ 감소	④ 증가		
자본금 및 잉여금 등의 계산	1. 자본금	01					
	2. 자본잉여금	02					
	3. 자본조정	15					
	4. 기타포괄손익누계액	18					
	5. 이익잉여금	14					
		17					
	6. 계	20					
7. 자본금과 적립금명세서(을)+(병) 계		21					
손익미계상 법인세 등	8. 법인세	22					
	9. 지방소득세	23					
	10. 계(8 + 9)	30					
11. 차가감 계(6+7-10)		31					

Ⅱ. 결손금(이월결손금 및 당기 결손금) 계산서

1. 결손금 발생 및 증감내역

⑥ 사업연도	결손금					감소내역				잔액		
	발생액			⑩ 소급공제	⑪ 차감계	⑫ 기공제액	⑬ 당기공제액	⑭ 보전	⑮ 계	⑯ 기한 내	⑰ 기한 경과	⑱ 계
	⑦ 계	⑧ 일반 결손금	⑨ 배분한도초과 결손금(⑨=㉕)									
계												

2. 법인세 신고 사업연도의 결손금에 동업기업으로부터 배분한도를 초과하여 배분받은 결손금(배분한도 초과결손금)이 포함되어 있는 경우 사업연도별 이월결손금 구분내역

⑲ 법인세 신고 사업연도	⑳ 동업기업 과세연도 종료일	㉑ 손금산입한 배분한도 초과결손금	㉒ 법인세신고 사업연도 결손금	배분한도 초과결손금이 포함된 이월결손금 사업연도별 구분			
				㉓ 합계 (㉓=㉕+㉖)	배분한도 초과결손금 해당액		㉖ 법인세 신고 사업연도 발생 이월결손금 해당액 (⑧일반결손금으로 계상) (㉑≥㉒의 경우는 "0", ㉑ < ㉒의 경우는 ㉒-㉑)
					㉔ 이월결손금 발생 사업연도	㉕ 이월결손금(㉕=⑨) ㉑과 ㉒ 중 작은 것에 상당하는 금액	

Ⅲ. 회계기준 변경에 따른 자본금과 적립금 기초잔액 수정

㉗ 과목 또는 사항	㉘ 코드	㉙ 전기말 잔액	기초잔액 수정		㉜ 수정 후 기초잔액 (㉙+㉚-㉛)	㉝ 비고
			㉚ 증가	㉛ 감소		

〔별지 제50호서식(을)〕

사업연도	. . . . . .	자본금과 적립금조정명세서(을)	법인명	

※ 관리번호 | | - | | 사업자등록번호 | | | - | | - | | | | |

※ 표시란은 기입하지 마십시오.

세무조정유보소득 계산

①과목 또는 사항	②기초잔액	당 기 중 증 감		⑤기말잔액 (익기초 현재)	비 고
		③감 소	④증 가		
합 계					

7. 소득처분

7-1 의 의

결산서상 당기순이익은 「상법」에 따라 주주총회에서 이익잉여금처분계산서를 승인함으로써 배당·상여 등으로 이익을 처분하므로 귀속자를 알 수 있다. 결산서상 당기순이익과 마찬가지로 각 사업연도 소득에 대해서도 그 귀속을 밝혀야 그 귀속자에게 과세가 이루어진다. 즉, 각 사업연도 소득금액은 당기순이익과 세무조정사항으로 구성되며 당기순이익은 이미 기업회계상 잉여금처분절차에 따라 소득의 귀속이 확정된 상태이므로 세무조정사항에 대해서만 소득의 귀속을 결정하게 되면 각 사업연도 소득에 대한 귀속을 확인할 수 있게 된다. **소득처분**이란 당기순이익과 각 사업연도소득의 차이에 대해 그 귀속을 확인하여 소득이 귀속되는 자, 소득 종류, 소득금액 및 귀속시기를 정하는 것을 말하며, 모든 세무조정사항에 대하여 반드시 소득처분을 하여야 한다.

소득처분이 이루어지면 소득의 귀속자 및 소득의 종류가 확정되고 동시에 소득의 귀속자는 납세의무가 성립하며, 소득처분의 당사자인 법인에게는 원천징수의무가 발생하게 된다.

7-2 소득처분시기와 대상

소득처분은 법인세 과세표준을 신고하거나 정부가 법인세 과세표준을 결정 또는 경정하는 시점에서 행한다. 소득처분의 대상은 당기순이익과 각 사업연도소득금액의 차액인데, 익금산입 및 손금불산입 사항과 손금산입 및 익금불산입 사항이 소득처분대상이 된다.

7-3 소득처분의 유형

법인세 과세표준을 신고하거나 법인세 과세표준을 결정 또는 경정할 때 익금에 산입하거나 손금에 산입하지 아니한 금액은 다음과 같이 처분한다.

가. 익금산입 및 손금불산입

(1) 유 보

유보(또는 사내유보)란 익금에 산입하거나 손금에 산입하지 아니한 금액이 회사의 외부로 유출되지 않고 사내에 남아 결산상 자산보다 세무상 자산을 증가시키거나 결산상 부채보다 세무상 부채를 감소시키는 경우에 행하는 소득처분이다. 유보는 기업회계와 세법과의 일시적 차이에 의해 발생하며, 회계장부의 수치를 「법인세법」에 따른 수치로 수정하는 사항이다.

대차평균원리에 의하면 세무상 자산이 증가하거나 부채가 감소하면 그와 동시에 자본도 증가한다. 따라서 유보란 세무조정으로 인하여 세무상 순자산이 증가되는 것을 의미하는 소득처분이다. 즉, 결산상 자본이 세무상 자본보다 과소계상되어 있으며, 세무조정의 결과 세무상 자본이 증가되는 경우에 유보로 소득처분을 하는 것이다. 유보처분은 다음과 같은 경우에 발생한다.

- 자산·부채의 평가에 따른 익금산입
- 손익귀속시기의 차이에 의한 익금산입
- 실제 지출을 수반하지 않는 손비 부인액(감가상각비 한도초과, 대손충당금 한도초과)

자산은 상각 또는 처분을 통하여 소멸하며, 부채는 상환 또는 환입하면서 소멸된다. 자산 또는 부채가 소멸하는 과정에서 수익 또는 비용이 발생하게 되는데, 세무상 자산·부채가 과소·과대되어 있기 때문에 세무상 익금 또는 손금 역시 과대·과소된다. 따라서 소득처분된 사항은 당기 이후 언젠가는(결산서상 과소 혹은 과대 계상된 자산·부채가 소멸될 때) 반대의 세무조정으로 소멸하게 되는데, 이를 유보의 추인이라 한다.

소득금액조정합계표에 기재된 유보는 자본금과적립금조정명세서(을)에서 변동 내역과 기말잔액을 기록하며 관리한다.

(2) 소득 귀속이 분명한 사외유출

사외유출이란 익금산입액 또는 손금불산입액이 회사 외부로 유출된 것이 분명한 경우에 행하는 소득처분이다. 세무조정으로 증가된 소득이 회사 외부로 유출되면 결산상 자산·부채와 세무상 금액과 차이가 발생하지 아니하며, 사외유출은 거래상대방의 소득을 증가시켰기 때문에 그 상대방의 소득유형에 따라 소득세 또는 법인세가 과세된다. 사외유출은 그 소득의 귀속자에 따라 배당, 상여, 기타사외유출 또는 기타소득 중의 하나로 처분한다.

구 분	내 용
배당	소득의 귀속자가 주주인 경우
	주주 임·직원인 경우 상여 법인주주 또는 개인주주의 사업소득을 구성하는 경우 기타사외유출
상여	소득의 귀속자가 임원 또는 직원인 경우
기타사외유출	국가, 지방자치단체, 법인 또는 개인의 사업소득을 구성하는 경우
기타소득	소득의 귀속자가 주주, 임·직원, 법인 또는 개인사업자가 아닌 경우

세무조정사항이 배당 · 상여 · 기타사외유출 중에서 둘 이상의 소득처분에 동시에 해당하는 경우에는 위의 표에서 뒤에 기재된 소득처분을 한다. 예를 들어, 배당과 상여가 중복되면 상여, 배당 · 상여 · 기타사외유출이 중복되면 기타사외유출로 소득처분한다.

한편, 다음의 하나에 해당하는 경우 항상 기타사외유출로 처분한다. 이는 소득처분금액이 비과세되거나 과세소득으로 부적합한 경우 또는 이미 과세소득을 구성하는 경우이다.

- 특례 · 일반기부금 손금불산입액
- 기업업무추진비 한도초과액
- 업무용승용차 임차료 중 감가상각비 상당액과 업무용승용차 처분손실 한도초과액
- 채권자 불분명 사채이자, 비실명채권 · 증권의 이자 · 할인액 중 원천징수세액 상당액
- 업무무관자산 등에 대한 지급이자 손금불산입액
- 임대보증금 등의 간주익금
- 대표자상여로 처분한 경우 당해 법인이 그 처분에 따른 소득세 등을 대납하고 이를 손비로 계상하거나 그 대표자와의 특수관계가 소멸될 때까지 회수하지 않음에 따라 익금에 산입한 금액
- 부당행위계산의 부인 규정이 적용되는 자본거래로 인하여 익금에 산입한 금액으로서 귀속자에게 증여세가 과세되는 경우
- 외국법인의 국내사업장의 각 사업연도 소득에 대한 법인세의 과세표준을 신고하거나 결정 또는 경정함에 있어서 익금에 산입한 금액이 그 외국법인 등에 귀속되는 소득과 「국제조세조정에 관한 법률」에 따라 익금에 산입된 금액이 국외특수관계인으로부터 반환되지 않은 소득
- 천재 · 지변으로 장부나 증빙서류가 멸실되어 추계결정 · 경정하는 경우 재무상태표상의 법인세비용 차감 전 이익과 결정된 과세표준의 차액

(3) 소득의 귀속이 불분명한 사외유출

사외유출된 금액의 귀속자가 불분명한 경우에는 법인의 대표자에게 상여로 처분한다. 또한 추계방법(천재 · 지변에 따른 추계의 경우 제외)에 의하여 결정된 과세표준과 재무상태표상의 법인세비용 차감 전 순이익과의 차액도 대표자에게 상여로 처분한다.

(4) 자본에 귀속되는 경우

익금산입 · 손금불산입 또는 손금산입 · 익금불산입 금액이 자본에 귀속되는 경우에는 기타로 처분한다. 세무상 익금항목을 결산상 당기순이익 이외의 자본항목(자본잉여금 · 이월이익잉여금 · 자본조정 · 기타포괄손익)의 증가액으로 회계처리함에 따라 이를 익금산입한 경우에 나타난다. 이는 세무상 유보에 해당하지만 당해 금액이 회계상 이미 잉여금의 증가로 계상되어 있으

므로 다시 유보로 처분하면 잉여금이 중복 계상되는 결과를 초래한다. 따라서 이 경우에는 익금산입하고 기타로 소득처분한다. 그 예로 자기주식처분이익이 있다.

나. 손금산입 및 익금불산입 사항

(1) 음의 유보(△유보)

음(−)의 유보란 일시적 차이에 의한 손금산입 또는 익금불산입에 대한 유보사항을 말하며, 소극적 유보라고도 부른다. 음의 유보란 세무조정으로 감소한 소득이 사내에 남아서 결산상 자산보다 세무상 자산을 감소시키거나 결산상 부채보다 세무상 부채를 증가시키는 경우에 행하는 소득처분이다. 세무상 자산이 감소하거나 부채가 증가하면 그와 동시에 자본도 감소한다. 따라서 음의 유보란 세무상 관점에서 결산상 자산(부채) 및 자본이 왜곡표시되었다는 것을 의미하므로, 음의 유보를 관리하여 결산서와 세법상의 자산·부채의 차이가 해소될 때 음의 유보를 추인한다. 음의 유보의 예는 다음과 같다.

- 건설자금이자 과다계상액
- 감가상각부인액의 손금추인
- 퇴직연금(부담금)의 손금산입
- 가지급금으로 계상한 기부금의 손금산입
- 특수관계인으로부터 자산의 고가매입

(2) 자본에 귀속되는 경우

세무상 잉여금의 감소를 수반하지 않는 영구적 차이에 의한 손금산입 또는 익금불산입에 의한 조정사항일 때 기타로 소득처분한다. 예로는 국세·지방세의 환급금이자, 수입배당금의 익금불산입 등이 있다.

또한 세무상 손금항목을 손금으로 처리하지 않고 잉여금의 감소로 처리함에 따라 이를 손금산입한 경우에 나타난다. 이는 세무상 음의 사내유보에 해당하지만 당해 금액이 회계상 이미 잉여금의 감소로 계상되어 있으므로 다시 음의 사내유보로 처분하면 잉여금을 중복하여 감소시키는 결과를 초래한다. 따라서 이 경우에는 손금산입하고 기타로 소득처분하며, 그 예로 자기주식처분손실이 있다.

제 2 장

익 금

1. 익금산입

익금은 자본 또는 출자의 납입 및 「법인세법」에서 익금불산입으로 규정하는 것은 제외하고 법인의 순자산을 증가시키는 거래로 인하여 발생하는 이익 또는 수입의 금액으로 한다. 따라서 순자산을 증가시키는 거래로 인하여 발생하는 수익의 금액에는 「법인세법」에 열거된 수익뿐만 아니라 열거되지 않은 수익도 원칙적으로 모두 포함된다.

1-1 순자산을 증가시키는 거래

순자산이란 자산총액에서 부채총액을 차감한 금액인 자본총액을 의미하며, 「법인세법」은 순자산을 증가시키는 거래로 인한 수익의 금액을 익금으로 본다. 따라서 회계에서 자본잉여금으로 보는 자기주식처분이익도 순자산의 증가를 수반하기 때문에 익금으로 본다. 이와 같이 익금은 회계상 수익과 차이가 있는데, 대체로 회계상 수익보다 그 범위가 넓다.

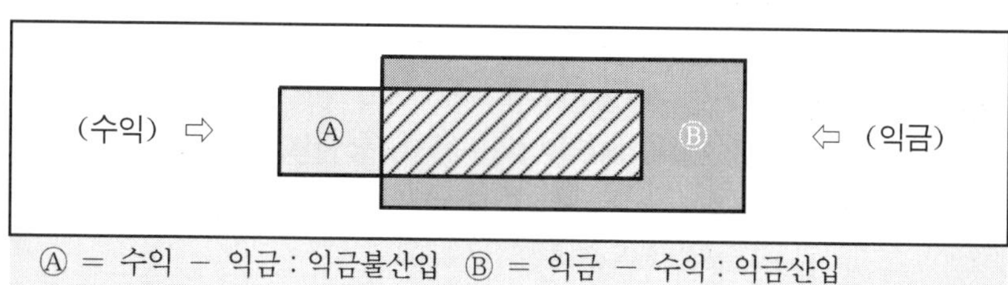

Ⓐ = 수익 − 익금 : 익금불산입 Ⓑ = 익금 − 수익 : 익금산입

1-2 수익의 금액

수익이란 자산의 증가 또는 부채의 감소로서 자본의 증가를 가져오는 것이며, 자본청구권 보유자의 출자에 따른 자본의 증가는 제외한 것으로 정의한다. 그러나 「법인세법」은 회계기준에 따른 수익 외에 법인에게 귀속되는 모든 경제적 이익을 수익으로 보기 때문에 회계기준에서 자본잉여금이나 이익잉여금으로 분류하는 것도 수익에 포함될 수 있다.

1-3 자본 또는 출자의 납입이 아닌 것

자본 또는 출자의 납입은 순자산의 증가를 가져오지만 익금에서 제외한다. 자본 또는 출자의 납입이란 증가한 자본 중 액면금액, 즉 증가한 자본금 또는 출자금을 말한다. 따라서 자본금 또는 출자금은 익금에 해당하지 않는다.

1-4 법인세법에서 규정하는 것이 아닌 것

순자산이 증가하더라도 「법인세법」에서 규정하는 각 사업연도의 소득금액계산에 있어서 익금에 산입하지 않는 것, 즉 익금불산입 항목은 익금에서 제외한다.

2. 익금의 범위

법인의 순자산을 증가시키는 거래로 인한 수익의 금액인 익금에는 다음의 항목이 포함된다. 그러나 이는 익금을 예시적으로 열거한 것이므로 익금을 모두 망라한 것이 아니기 때문에 「법인세법」에 열거한 것 외에도 순자산을 증가시키는 수익의 금액에 해당되는 것이면 익금에 포함된다.

익금의 범위
▪ 사업수입금액　▪ 자산의 양도금액　▪ 자산의 임대료　▪ 자산의 평가차익 ▪ 자산수증이익　▪ 채무면제이익　▪ 손금 중 환입액 ▪ 자본거래로 인해 특수관계인으로부터 분여받은 이익 ▪ 특수관계인에 대한 업무무관가지급금과 이자 ▪ 보험회사와 주택도시보증공사의 책임준비금 감소액 ▪ 유가증권의 저가 매입가액과 시가의 차액　▪ 간접외국납부세액 상당액 ▪ 동업기업으로부터 배분받은 소득금액　▪ 임대보증금 등의 간주익금 ▪ 의제배당　▪ 기타 법인에 귀속될 수익

2-1 사업수입금액

사업수입금액은 한국표준산업분류에 의한 각 사업에서 생기는 수입금액으로 하되, 기업회계기준에 따른 매출에누리 및 매출할인은 제외하고 임직원에 대한 재화 · 용역 등 할인금액은 포함한다. 다만, 장부나 그 밖의 증명서류에 의해 소득금액을 계산할 수 없어서 추계하는 경우 부동산임대에 의한 전세금 또는 임대보증금에 대한 사업수입금액은 다음과 같이 계산한다.

$$\text{가산할 추계사업수입금액} = \text{전세금} \cdot \text{임대보증금의 적수} \times \text{정기예금이자율}(\gamma)^{*} \times \frac{1}{365(366)}$$

*) 재정경제부령으로 정하는 이자율(「법인세법 시행규칙」 제6조 참조).

2-2 자산과 자기주식의 양도금액

법인이 자산과 자기주식(합병법인이 합병에 따라 피합병법인이 보유하던 합병법인의 주식을 취득하게 된 경우를 포함)을 양도할 때 받는 금액은 전액 익금에 산입한다. 이 경우 주식매수선택권의 행사에 따라 주식을 양도하는 경우에는 주식매수선택권 행사 당시의 시가로 계산한 금액을 양도금액으로 한다.

자산의 양도금액이 장부가액을 초과하거나 미달하는 경우에 관계없이 총액을 익금으로 본다. 이와 같이 총액에 의한 처리는 자산처분손익을 순액으로 처리하는 회계기준과 상이하지만 이는 단순히 익금과 손금을 구별하기 위한 것이며, 소득금액의 계산결과는 동일하다.

기업회계기준은 자기주식을 미발행주식으로 보지만, 세법은 이를 자산으로 취급하므로 자기주식의 양도금액을 익금으로, 양도한 자기주식의 장부가액은 손금으로 본다.

2-3 자산의 임대료

임대를 주업으로 하는 법인의 임대료는 사업수입금액에 해당한다. 따라서 여기에서 자산의 임대료란 법인이 일시적으로 자산을 임대하고 얻는 수익인 영업외수익을 말하며, 그 자산의 임대료는 익금으로 본다. 임대료의 손익귀속시기는 「손익의 귀속사업연도」에서 설명한다.

2-4 자산의 평가이익

「법인세법」에서 자산은 취득원가로 평가하는 것이 원칙이므로, 이 경우에는 평가이익이 발생하지 않는다. 따라서 자산의 평가이익은 자산을 공정가치로 평가할 때 그 공정가치가 장부가액을 초과하는 경우에 발생한다.

만약, 법인이 자산을 회계기준에 따라 공정가치로 평가하여 자산의 평가이익이 발생하면, 순자산을 증가시키는 거래이기 때문에 익금에 포함시키되, 자산의 평가이익을 익금에 산입하는 경우에는 미실현소득에 대한 과세의 문제가 발생할 수 있기 때문에 이를 익금에 산입하되 동시에 익금불산입으로 규정하고 있다. 즉, 「법인세법」은 자산을 임의로 평가증하는 것을 허용하지 않기 때문에 평가증 전의 가액을 자산의 장부가액으로 하고, 평가차익을 익금으로 보지 않는다.

가. 토지의 재평가이익

「자산재평가법」에 따른 평가차액으로서 1997년 12월 31일 이전에 취득한 토지의 재평가차액에 한하여 익금에 산입한다. 「자산재평가법」에 따른 재평가는 2000년 12월 31일 이전에 실시하여야 하므로 현재는 토지의 재평가이익은 발생하지 않는다. 그러나 한국채택국제회계기준(K-IFRS)에 따라 재평가할 때에는 재평가이익이 발생할 수 있는데, 이 금액은 익금에 산입하지 않는다.

나. 보험업법 등에 따른 유형·무형자산의 평가이익

세법과 다른 법률이 상충되는 것을 막기 위하여 「보험업법」이나 그 밖의 법률에 따른 유형자산 및 무형자산의 평가이익은 익금에 산입한다. 해당 법률에 따라 유형자산과 무형자산의 평가이익을 계상하면 해당 자산의 장부가액은 평가 후의 금액이 된다. 따라서 평가이익에 대해 법인세를 선납하는 효과가 있지만, 평가이익을 계상한 연도에 결손이 발생하거나 장래에 세율 인상 등 불리한 방향으로 세법 개정이 예상되는 경우 또는 감면기간 중에는 평가이익을 계상하는 것이 법인에게 유리할 수도 있다.

다. 재고자산의 평가이익

재고자산의 평가이익이란 제품 및 상품(부동산매매업자의 매매용 부동산 포함, 유가증권 제외), 반제품 및 재공품, 원재료, 저장품에 대한 평가이익을 말하는데, 회계기준과 「법인세법」에서는 인정하지 않으므로 이 경우에는 발생하지 않는다.

「법인세법」에서 재고자산의 평가이익이 발생하는 경우는 「법인세법」에 따라 신고한 평가방법을 적용하지 않거나 또는 평가방법을 신고하지 아니한 경우 강제적으로 적용하는 「법인세법」에 정한 평가방법과의 차액을 익금에 산입하는 경우에 한하여 나타날 수 있다.

라. 유가증권의 평가이익

「법인세법」의 유가증권이란 주식 등, 채권, 집합투자재산 및 특별계정에 속하는 자산을 말한다. 「법인세법」에서는 투자회사가 보유한 집합투자재산, 환매금지형집합투자기구가 보유한 시장성 없는 자산(시가법으로 신고한 경우로 한정) 및 보험회사가 보유한 특별계정에 속하는 자산(시가법으로 신고한 경우에 한정)에 한하여 시가 평가를 인정하고, 그 밖에는 원가법만 인정한다. 따라서 유가증권의 평가이익은 투자회사 등 경우 외에는 발생할 여지가 없지만, 재고자산의 경우와 같이 강제 적용하는 「법인세법」에 정한 평가방법과의 차액을 익금에 산입하는 경우에 발생할 수 있다.

마. 화폐성 외화자산 · 부채의 평가이익

(1) 금융회사

금융회사(「법인세법 시행령」 61 ② 1호~7호 참조)가 보유하는 기업회계기준에 따른 화폐성 외화자산 · 부채를 사업연도 종료일 현재의 매매기준율 또는 재정(裁定)된 매매기준율로 평가하여야 한다. 금융회사가 화폐성 외화자산 · 부채를 매매기준율로 평가한 금액과 장부금액의 차액은 해당 사업연도의 익금 또는 손금에 이를 산입한다.

(2) 일반법인

금융회사 외의 법인이 보유하는 화폐성 외화자산 · 부채는 다음의 어느 하나에 해당하는 방법 중 세무서장에게 신고한 방법에 따라 평가하여야 한다. 다만, 최초로 Ⓑ방법을 신고하여 적용하기 이전 사업연도의 경우에는 Ⓐ방법을 적용하여야 한다.

방법	평가기준
Ⓐ	화폐성 외화자산 · 부채를 취득일 또는 발생일 현재 매매기준율로 평가
Ⓑ	화폐성 외화자산 · 부채를 사업연도 종료일 현재 매매기준율로 평가

일반법인이 화폐성 외화자산 · 부채를 매매기준율로 평가한 금액과 장부금액의 차액은 해당 사업연도의 익금 또는 손금에 이를 산입한다.

바. 통화 관련 파생상품

(1) 금융회사

금융회사가 보유하는 통화선도, 통화스왑 및 환변동보험은 다음의 어느 하나에 해당하는 방법 중 세무서장에게 신고한 방법에 따라 평가하여야 한다. 다만, 최초로 Ⓑ방법을 신고하여 적용하기 이전 사업연도에는 Ⓐ방법을 적용하여야 한다.

방 법	평가기준
Ⓐ	화폐성 외화자산·부채를 취득일 또는 발생일 현재 매매기준율로 평가
Ⓑ	화폐성 외화자산·부채를 사업연도 종료일 현재 매매기준율로 평가

금융회사가 통화선도 등을 매매기준율로 평가한 금액과 장부금액의 차액은 해당 사업연도의 익금 또는 손금에 산입한다.

(2) 일반법인

금융회사 외의 법인이 보유하는 화폐성외화자산·부채의 환위험을 회피하기 위해 보유하는 통화선도·통화스왑 및 환변동보험은 다음의 어느 하나에 해당하는 방법 중 세무서장에게 신고한 방법에 따라 평가하여야 한다. 단, 최초로 Ⓑ방법을 신고하여 적용하기 이전 사업연도의 경우에는 Ⓐ방법을 적용하여야 한다.

방 법	평가기준
Ⓐ	화폐성 외화자산·부채를 취득일 또는 발생일 현재 매매기준율로 평가
Ⓑ	화폐성 외화자산·부채를 사업연도 종료일 현재 매매기준율로 평가

일반법인이 환위험회피용통화선도 등을 매매기준율로 평가한 금액과 장부금액의 차액은 해당 사업연도의 익금 또는 손금에 이를 산입한다.

2-5 무상으로 받은 자산의 가액

법인이 타인으로부터 반대급부가 없는 무상으로 받은 자산수증이익은 취득 당시의 시가로 익금에 산입한다. 자산수증이익은 영업외수익이므로 회계기준과 「법인세법」이 차이가 없다.

한편, 자산(유가증권 제외)을 무상이 아닌 시가보다 낮은 가액(저가)으로 취득한 경우에는 그 저가를 자산의 취득가액으로 보며, 저가 취득으로 인한 이익을 익금에 산입하지 않는다.

2-6 채무의 면제 또는 소멸로 생기는 부채의 감소액

타인으로부터 채무의 면제 또는 소멸로 발생하는 부채의 감소액(채무의 출자전환으로 인해 발생한 채무조정이익 포함), 즉 채무면제이익은 익금에 산입한다. 회계기준에서는 이 금액을 영업외수익으로 분류하므로 「법인세법」과 차이가 없다.

2-7 손금에 산입한 금액 중 환입된 금액

이미 손금에 산입한 항목이 다시 환입되는 경우 그 환입액은 익금에 산입한다. 다시 말해 당초에 손금산입한 금액이 환입된 때에는 익금산입, 손금불산입한 금액이 환입된 때에는 익금불산입한다는 의미이다. 손금에 산입한 금액 중 환입된 금액의 예는 다음과 같다.

- 거래처의 행방불명으로 대손금으로 처리한 매출채권을 회수한 경우
- 세법 규정에 의해 손금산입한 준비금 또는 충당금을 이후 사업연도에 환입하는 경우

한편, 법인세, 벌과금, 가산금, 가산세 등과 같이 당초부터 손금불산입하는 금액은 그 후에 환급받더라도 익금산입하지 않는다. 또한 사업연도에 손금산입한 금액을 같은 연도에 환입하는 금액은 익금이 아니라 직접 해당 손금의 취소로 처리한다.

2-8 특수관계인으로부터 분여받은 이익

부당행위계산의 유형에 속하는 불공정자본거래로 인하여 법인주주 등이 특수관계인인 주주로부터 분여받은 이익은 익금에 산입한다. 여기에서 특수관계인인 주주란 법인주주 및 개인주주가 모두 해당된다.

2-9 업무무관가지급금과 이자

특수관계인에 대한 업무무관가지급금 및 그 이자로서 다음의 어느 하나에 해당하는 금액은 익금에 산입한다. 다만, 채권·채무에 대한 쟁송으로 회수가 불가능한 경우 등 사유가 있는 경우는 제외한다.

- 특수관계가 소멸되는 날까지 회수하지 아니한 가지급금 등(익금에 산입한 이자 제외)
- 특수관계가 소멸되지 않은 경우로서 가지급금의 이자를 이자발생일이 속하는 사업연도 종료일부터 1년이 되는 날까지 회수하지 않은 경우 그 이자

2-10 보험회사와 주택도시보증공사의 책임준비금 감소액

보험회사와 주택도시보증공사가 「보험업법」과 「주택도시기금법 시행령」에 따라 적립한 책임준비금의 감소액(할인율의 변동에 따른 책임준비금 평가액의 감소분은 제외)으로서 「보험감독

회계기준」에 따라 수익으로 계상된 금액은 익금에 산입한다.

2-11 유가증권의 낮은 매입가액과 시가의 차액

앞에서 살펴본 바와 같이 법인이 자산을 무상으로 취득하여 발생한 자산수증이익은 익금에 산입하지만 자산을 시가보다 낮은 가액인 저가로 취득하는 경우 저가취득에 따른 이익은 익금에 산입하지 않는다. 따라서 이를 이용하여 가족 소유의 법인에게 가족 중 1인이 양도소득세 과세대상이 아닌 유가증권(상장주식, 국·공채 등)을 명목금액(가령 1원)에 양도하는 경우 저가양도한 개인은 부당행위계산의 부인 규정을 적용받지 않으면서 법인은 당해 유가증권의 처분시점까지 과세를 지연할 수 있으며, 다른 가족은 상속·증여세를 부담하지 않으면서 법인의 유가증권 저가취득에 따른 주가상승 등의 이익을 향유할 수 있다. 이러한 조세회피를 방지하기 위하여 법인이 특수관계인인 개인으로부터 유가증권을 시가보다 낮은 가액으로 매입하는 경우 시가와 매입가액의 차액에 상당하는 금액을 익금에 산입한다.

이 경우 세무조정은 유가증권의 시가와 실제 매입가액인 저가와의 차액을 익금산입(유보)하고 유가증권의 취득가액에 포함시킨다. 익금산입액은 해당 유가증권을 처분(제거)할 때 손금산입(△유보)한다.

2-12 간접외국납부세액 상당액

국가간의 이중과세를 방지하기 위하여 법인(모회사)이 외국의 자회사로부터 받는 수입배당금액에 대하여 외국에 납부한 세액과 자회사의 사업소득에 대하여 부과된 외국법인세액 중 수입배당금액에 상당하는 외국법인세액(간접외국납부세액)은 세액공제 또는 손금산입한다.

간접외국납부세액에 대해 세액공제 또는 손금산입하는 경우 법인의 익금에 산입된 금액은 외국법인세액(간접외국납부세액)이 차감된 세후 수입배당금액이므로 수입배당금액에 부과된 외국법인세액을 익금에 산입하여야 세액공제 또는 손금산입액의 형평이 맞게 된다. 이러한 취지에서 간접외국납부세액(세액공제의 대상이 되는 금액)에 상당하는 금액은 익금에 산입하며, 그 결과는 다음과 같게 된다.

- 익금 = 수입배당금액 + 간접외국납부세액(익금산입) : 각 사업연도소득에 포함된 금액
- 세액공제 = 수입배당금액에 대하여 외국에 납부한 세액 + 간접외국납부세액

가. 자회사 요건

외국자회사란 내국법인이 의결권 있는 발행주식총수(또는 출자총액)의 10% 이상(해외자원개발사업 5%)을 직접 출자하고 해당 외국자회사의 배당확정일 현재 6개월 이상 계속하여

보유하고 있는 외국법인을 말한다.

나. 세액공제의 선택

간접외국납부세액은 세액공제방법과 손금산입방법을 선택할 수 있는데, 이 중 세액공제를 받는 경우이어야 한다.

다. 간접외국납부세액의 계산

(1) 외국법인이 납세의무를 부담한 경우

$$\text{간접외국납부세액(익금)} = Ⓣ \times \frac{\text{수입배당금액}}{Ⓘ - Ⓣ}$$

Ⓘ : 외국자회사의 해당 사업연도 소득금액
Ⓣ : 외국자회사의 해당 사업연도 법인세액

(2) 출자자인 내국법인이 납세의무를 부담한 경우

내국법인의 각 사업연도 소득금액에 외국법인으로부터 받는 수입배당금액이 포함되어 있는 경우로서 그 외국법인의 소득에 대하여 해당 외국법인이 아니라 출자자인 내국법인이 직접 납세의무를 부담한 경우에는 익금에 산입할 간접외국납부세액은 다음과 같이 계산한다.

$$\text{간접외국납부세액(익금)} = Ⓣ \times \frac{\text{수입배당금액}}{Ⓖ - Ⓣ}$$

Ⓖ : 외국법인의 해당 사업연도 소득금액 × 내국법인의 해당 사업연도 손익배분비율
Ⓣ : 내국법인이 부담한 외국법인의 해당 사업연도 소득에 대한 법인세액

2-13 동업기업으로부터 배분받은 소득금액

「조세특례제한법」에 따라 동업기업 과세특례를 적용받는 동업기업에는 과세하지 않고, 동업자인 내국법인이 동업자군별 배분대상 소득금액을 각 과세연도의 종료일에 동업자간의 손익배분비율에 따라 배분받은 금액은 익금에 산입한다. 실제로 배당을 받거나 주식을 양도할 때 동업자에 배분한 소득금액이 배당소득이나 양도소득에 포함되어 이중과세되는 것을 막기 위해 동업자는 배분된 소득금액(결손금)만큼 지분가액을 증액(감액)해야 한다.

2-14 임대보증금 등의 간주익금

내국법인이 부동산 또는 부동산에 관한 권리를 대여하고 보증금·전세금 등을 받은 경우에는 정기예금이자에 상당하는 임대료수익이 발생한 것으로 간주하여 이를 익금에 산입한다. 이는 부동산 임대법인이 차입금을 조달하여 부동산투기하는 것을 방지하기 위한 것이다.

가. 대상법인

다음의 세 가지 요건을 모두 충족하는 영리내국법인에 대하여 간주익금을 계산한다.

요 건	내 용
▪ 차입금 과다 법인	차입금 > Max(재무상태표의 자기자본, 납입자본) × 2
▪ 부동산임대업이 주업인 법인	주업판단기준 : 임대용 자산 > 자산총액 × 50%
▪ 부동산 임대보증금 수령	부동산 : 부동산(주택 제외)과 그 부동산에 관한 권리

나. 간주익금의 계산

간주익금은 보증금을 금융회사에 운용하여 실제 발생한 수입금액이 보증금에 대한 세법이 정하는 기준에 따른 정기예금이자율을 적용하여 계산한 금액에 미달하는 때에 발생한다. 따라서 미달금액이 발생하지 않는 때에는 간주익금은 없는 것으로 본다.

간주익금 = 〔(Ⓐ−Ⓑ) × 정기예금이자율 − Ⓒ〕 ≧ 0

Ⓐ : 당해 사업연도의 보증금 등의 적수
Ⓑ : 임대용 부동산의 건설비상당액의 적수
Ⓒ : 임대사업부문에 발생한 해당 사업연도의 실제 금융수익(수입이자, 배당금 등) 합계

2-15 의제배당

법인이 출자한 다른 법인으로부터 받은 금액이 「상법」의 배당과 유사한 경제적 이익을 받는 경우가 있다. 다른 법인의 주주인 내국법인의 각 사업연도의 소득금액을 계산할 때 그 다른 법인으로부터 이익을 배당받았거나 잉여금을 분배받은 금액을 의제배당으로 보아 익금에 산입한다. 이는 「상법」의 배당(현금 및 주식)과 과세형평을 고려한 것이다. 법인의 의제배당은 자본감소에서 발생하는 유형(청산형)과 무상주의 수령에서 발생하는 유형(무상주형)이 있다. 의제배당으로 보는 거래의 유형을 요약하면 다음과 같다.

유 형	의제배당
청산	▪ 주식의 소각으로 인해 받는 소각대가가 주식의 취득가액을 초과하는 경우
	▪ 법인의 해산으로 받는 청산대가가 주식의 취득가액을 초과하는 경우
	▪ 피합병법인의 주주가 받는 합병대가가 주식의 취득가액을 초과하는 경우
	▪ 분할법인의 주주가 받는 분할대가가 주식의 취득가액을 초과하는 경우
무상주	▪ 채무조정이익의 자본전입에 따라 주주가 수령하는 무상주
	▪ 자기주식소각이익의 자본전입에 따라 주주가 수령하는 무상주
	▪ 적격합병으로 발생한 합병차익의 자본전입에 따라 주주가 수령하는 무상주
	▪ 적격분할로 발생한 분할차익의 자본전입에 따라 주주가 수령하는 무상주
	▪ 이익잉여금으로 상환된 상환주식의 주식발행초과금
	▪ 재평가적립금(「자산재평가법」)의 자본전입에 따라 주주가 수령하는 무상주
특례	▪ 법인이 무상주 교부시 자기주식으로 인해 주주의 증가한 지분비율 상당액

가. 의제배당의 유형

(1) 취득가액을 초과하는 소각대가

주식의 소각, 자본의 감소, 사원의 퇴사·탈퇴로 인해 주주인 내국법인이 취득하는 금전과 그 밖의 재산가액의 합계액이 해당 주식을 취득하기 위하여 사용한 금액을 초과하는 금액은 내국법인의 각 사업연도의 소득금액을 계산할 때 그 다른 법인으로부터 이익을 배당받았거나 잉여금을 분배받은 금액으로 본다. 이러한 이익은 피투자법인이 배당하지 않고 사내에 유보한 이익을 감자 등의 경우에 주주에게 분여함으로써 발생된 것이므로 배당과 다를 바 없기 때문이다.

> 의제배당 = 취득하는 금전 기타 재산의 합계액 − 주식 등의 취득가액

(2) 무상주 취득가액

법인이 잉여금의 전부 또는 일부를 자본에 전입함으로써 내국법인이 취득하는 주식의 가액은 내국법인의 각 사업연도의 소득금액을 계산할 때 그 다른 법인으로부터 이익을 배당받았거나 잉여금을 분배받은 금액으로 본다. 우리나라는 상장법인의 주식 양도차익을 과세하지 아니하기 때문에 이를 이용하여 배당가능이익을 직접 현금 또는 주식으로 배당하지 아니하고 이익준비금이나 기타법정준비금에 적립한 후 해당 준비금을 자본전입하고 이를

통해 수령한 무상주를 양도하게 되면 직접 배당하는 경우에 비해 배당금수익에 대한 과세를 회피할 수 있다. 따라서 이러한 점을 고려하여 잉여금의 자본전입에 따라 취득하는 주식을 의제배당으로 과세하고 있다.

> 의제배당 = 액면가액(자본의 전입에 따라 교부받은 무상주 × 1주당 액면가액)

그러나 다음에 해당하는 금액을 자본에 전입함에 따라 받는 무상주는 의제배당으로 보지 않는다. 이 금액은 과세대상 배당재원이 아니기 때문이다.

자본준비금	의제배당 과세대상이 아닌 재원(의제배당대상이 아닌 자본잉여금)
	▪ 주식발행초과금 ▪ 주식의 포괄적 교환차익 ▪ 주식의 포괄적 이전차익 ▪ 감자차익 ▪ 합병차익(익금 해당액 제외) ▪ 분할차익(익금 해당액 제외)
	의제배당 과세대상인 재원(의제배당대상 자본잉여금)
	▪ 채무의 출자전환으로 발생한 채무조정이익의 자본전입에 따른 무상주 ▪ 자기주식소각이익의 자본전입*에 따른 무상주 ▪ 적격합병 또는 적격분할의 자산평가증액(자산조정계정) ▪ 이익잉여금으로 상환된 상환주식의 주식발행초과금
	* ㉮ 소각일로부터 2년 이내에 자본에 전입하는 자기주식소각이익 ㉯ 소각 당시 시가가 취득가액을 초과하는 경우로서 소각일부터 2년이 지난 후 자본에 전입하는 자기주식소각이익

재평가적립금	▪ 의제배당 과세대상이 아닌 배당 재원 : 건물 재평가적립금
	▪ 의제배당 과세대상인 재원 : 토지 재평가적립금*
	* 재평가세율 3% 적용되는 토지(1997.12.31 이전 취득분) 제외

상환주식이란 발행시부터 일정기간 후에 이익으로 소각될 것이 예정되어 있는 주식으로 「법인세법」은 상환주식을 자본으로 분류한다. 상환주식을 상환하는 경우 이익잉여금의 감소로 처리하는데, 법인이 상환주식을 이익잉여금으로 상환한 후, 법인 내 유보되어 있는 상환주식의 주식발행초과금을 전입하여 주주에게 무상주를 교부하는 경우 그 실질이 이익잉여금을 자본전입한 것과 동일하므로 이를 배당으로 의제한다.

또한 자기주식을 저가(액면가 이하) 취득한 이후 이를 소각함으로써 생긴 자기주식소각이익의 자본전입에 따라 수령하는 무상주는 의제배당으로 본다. 이는 자기주식을 처분하여 그 이익을 주주에게 배당할 수 있음에도 불구하고 주식소각방법을 이용하여 소각이익의 자본전입에 의한 무상주를 교부함으로써 사실상 자기주식처분이익과 동일한 경제적 이익이 과세되지 않는 경우를 방지하기 위한 것이다. 다만, 자기주식 또는 자기출자지분을 소각하여 생긴 이익의 경우에는 소각 당시 시가가 취득가액을 초과하지 아니하는 경우로서 소각일부터 2년이 지난 후 자본에 전입하는 것은 의제배당으로 보지 아니한다.

한편, 재평가적립금의 일부를 자본 또는 출자에 전입하는 경우에는 의제배당 과세대상인 재원(토지 재평가적립금 : 1% 재평가세율 적용대상 금액)과 의제배당 과세대상이 아닌 재원(건물 재평가적립금 : 그 밖의 금액의 비율)에 따라 각각 전입한 것으로 본다.

(3) 자기주식으로 인하여 증가한 지분비율 상당액

의제배당 과세대상이 아닌 자본준비금 또는 건물 재평가적립금의 자본전입에 따라 법인이 보유한 자기주식 또는 자기출자지분으로 인해 주주인 내국법인의 지분비율이 증가한 경우 증가한 지분비율에 상당하는 주식 등의 가액은 내국법인의 각 사업연도의 소득금액을 계산할 때 그 다른 법인으로부터 이익을 배당받았거나 잉여금을 분배받은 금액으로 본다.

의제배당 과세대상 잉여금을 자본전입한 경우에는 지분율 증가와 관계없이 무상주를 의제배당으로 보나, 의제배당 과세대상이 아닌 자본잉여금을 자본전입한 경우에는 증가된 지분율에 해당하는 무상주만 배당으로 본다.

의제배당 = 자본전입 후 발행주식총수 × 증가한 지분비율 × 1주당 액면가액

(4) 법인의 해산으로 인한 의제배당

해산한 법인의 주주인 내국법인이 그 법인의 해산으로 인한 잔여재산의 분배로서 취득하는 금전과 그 밖의 재산의 가액이 그 주식을 취득하기 위해 사용한 금액을 초과하는 금액은 내국법인의 각 사업연도의 소득금액을 계산할 때 그 다른 법인으로부터 이익을 배당받았거나 잉여금을 분배받은 금액으로 본다.

의제배당 = 취득하는 금전 기타 재산의 합계액 – 해산법인 주식 등의 취득가액

(5) 합병으로 인한 의제배당

피합병법인의 주주인 내국법인이 취득하는 합병대가가 그 피합병법인의 주식 등을 취득하기 위하여 사용한 금액을 초과하는 금액은 내국법인의 각 사업연도의 소득금액을 계산할 때 그 다른 법인으로부터 이익(잉여금)을 배당(분배)받은 금액으로 본다.

의제배당 = 합병대가* − 피합병법인의 주식 등의 취득가액

* 합병교부주식과 합병교부금의 합계이며, 포합주식과 세금대납액은 포함되지 않음.

(6) 분할로 인한 의제배당

분할법인 또는 소멸한 분할합병의 상대방 법인의 주주인 내국법인이 취득하는 분할대가가 그 분할법인 또는 소멸한 분할합병의 상대방 법인의 주식을 취득하기 위하여 사용한 금액을 초과하는 금액은 내국법인의 각 사업연도의 소득금액을 계산할 때 그 다른 법인으로부터 이익을 배당받은 금액으로 본다.

의제배당 = 분할대가 − 분할법인(또는 소멸한 분할합병의 상대방 법인)의 주식취득가액

나. 의제배당의 시기

이익을 배당받았거나 잉여금을 분배받은 날(의제배당의 시기)은 다음과 같다.

구 분	의제배당의 시기
상기 (1), (2), (3)	주주총회 또는 이사회에서 주식의 소각, 자본의 감소, 잉여금의 자본에의 전입을 결의한 날(이사회의 결의에 의하는 경우 회사가 정한 날) 또는 사원이 퇴사·탈퇴한 날
(4)	해당 법인의 잔여재산가액이 확정된 날
(5)	해당 법인의 합병등기일
(6)	해당 법인의 분할등기일

다. 의제배당금액의 평가

(1) 금전 외의 재산의 평가

취득한 재산 중 금전 외의 재산의 가액은 다음과 같이 평가한다.

구 분			평 가
주식	(2), (3)	액면주식	액면가액
		무액면주식	$\frac{\text{의제배당일 현재 자본금전입액}}{\text{발행주식총수}}$
	(5), (6) 적격합병 · 적격분할		종전의 장부가액
	주식 배당		발행금액
	기타		시가
	법령요건을 갖춘 외국법인간 합병으로 인한 취득		종전의 장부가액
기타 재산			취득 당시의 시가

(2) 무상주에 대한 신 · 구 주식의 평가

구 분	1주당 장부가액
의제배당이 아닌 경우	$\frac{\text{구주식 1주당 장부가액}}{1+\text{구주식 1주당 신주식 배정수}}$
의제배당인 경우	$\frac{\text{무상주 수령 전 장부가액}+\text{의제배당금액}}{\text{무상주 수령 전 주식수}+\text{무상주식수}}$

(3) 단기소각주식의 특례

주식소각에 의한 의제배당을 적용하는 경우 주식의 소각 전 2년 이내에 의제배당대상이 아닌 자본준비금 · 건물 재평가적립금의 자본전입에 의해 취득한 무상주(단기소각주식)가 있는 경우 다음과 같이 처리한다. 단기소각주식에 대한 취득가액의 계산 특례규정은 무상주를 교부(무상증자)한 후 2년이라는 단기간 내에 소각(유상감자)하는 경우 현금배당과 그 효과가 유사하다는 점에서 취득가액 계산의 원칙을 적용하지 않겠다는 의도로 마련되었다.

- 해당 무상주를 먼저 소각한 것으로 보며, 그 취득가액은 0(영)으로 한다.
- 2년 이내에 주식의 일부를 처분한 경우에는 주식수에 비례하여 처분한 것으로 본다.
- 소각 후 1주(좌)당 장부가액 $= \frac{\text{소각 후 장부가액의 합계액}}{\text{소각 후 주식총수}}$

3. 익금불산입

익금불산입이란 법인의 순자산을 증가시키는 거래로 인하여 발생하는 수익의 금액으로서 익금이지만 여러 이유에서 익금에서 제외시키는 것을 말하는데, 그 범위는 다음과 같다.

익금불산입의 범위
▪ 자본거래로 인한 수익(주식발행초과금, 합병차익, 분할차익, 자본준비금을 감액하여 받는 배당 등) ▪ 자산평가이익(익금에 해당하는 평가이익 제외) ▪ 이중과세 방지(이미 과세된 소득, 부가가치세 매출세액, 수입배당금액 중 일부 금액 등)

3-1 주식발행 액면초과액

액면금액 이상으로 주식을 발행한 경우 그 액면금액을 초과한 금액(무액면주식은 발행가액 중 자본금으로 계상한 금액을 초과하는 금액)은 순자산을 증가시키는 거래이지만, 주식발행 액면초과액은 자본거래로 인한 금액이므로 익금에 산입하지 않는다.

다만, 채무의 출자전환으로 주식을 발행한 경우 그 주식의 시가를 초과하여 발행된 금액, 즉 채무조정이익은 익금에 산입한다.

3-2 주식교환차익

주식의 포괄적 교환이란 특정회사(P사)의 주주가 소유하는 주식의 전부를 다른 회사(A사)에게 이전하고 A사는 그 주식을 재원으로 P사의 주주에게 신주를 발행하거나 자기주식을 교부하는 것을 말하며, 이때 A사를 완전모회사, P사를 완전자회사라고 한다.

주식의 포괄적 교환차익이란 「상법」에 따른 주식의 포괄적 교환을 한 경우로서 「상법」에 따른 자본금 증가의 한도액이 완전모회사의 증가한 자본금을 초과한 경우의 그 초과액을 말하며, 이 금액은 자본거래로 인한 금액으로 주식발행초과금과 같은 성격이므로 익금에 산입하지 아니한다. 주식교환차익은 다음과 같이 계산한다.

주식교환차익 = 완전모회사의 자본증가의 한도(A) − 완전모회사의 증가한 자본금(B)
▪ A = 완전자회사의 순자산액 − 완전자회사의 주주에게 지급할 금액 − 완전모회사의 자기주식의 회계장부가액

3-3 주식이전차익

주식의 포괄적 이전이란 완전자회사로 되는 회사의 주주가 갖고 있는 그 회사의 주식 전부를 신설되는 완전모회사에게 이전하고 완전모회사가 발행하는 신주를 배정받음으로써 완전모회사의 주주가 되는 제도이다. 포괄적 주식교환과 포괄적 주식이전은 완전모자회사 관계를 갖게 한다는 점은 같지만, 주식교환은 기존회사간에 완전모자관계를 만드는 제도이고, 주식이전은 모회사를 신설법인으로 하여 기존회사와 모자회사관계를 만든다는 데 차이가 있다.

주식의 포괄적 이전차익이란 「상법」에 따른 주식의 포괄적 이전을 한 경우로서 「상법」에 따른 자본금의 한도액이 설립된 완전모회사의 자본금을 초과한 경우의 그 초과액을 말하며, 이 금액은 자본거래로 인한 금액으로 주식발행초과금과 같은 성격이므로 익금에 산입하지 않는다. 주식이전차익은 다음과 같이 계산한다.

주식이전차익 = 완전모회사의 자본증가의 한도(A) − 완전모회사의 증가한 자본금(B)
▪ A = 완전자회사의 순자산액 − 완전자회사의 주주에게 지급할 금액

3-4 감자차익

감자차익이란 자본감소액이 주식의 소각, 주금의 반환에 든 금액과 결손의 보전에 충당한 금액을 초과한 경우의 그 초과금액을 말하며, 감자차익은 자본거래로 인한 금액이므로 익금에 산입하지 않는다. 감자차익은 납입자본금의 일부이기 때문이다.

감자차익 = 자본금 감소액− 주식소각과 주금반환소요액 − 결손보전 충당액

3-5 합병차익

합병차익이란 「상법」에 따른 합병의 경우로서 소멸된 회사로부터 승계한 재산의 가액이 그 회사로부터 승계한 채무액, 그 회사의 주주에게 지급한 금액과 합병 후 존속하는 회사의 자본금증가액 또는 합병에 따라 설립된 회사의 자본금을 초과한 경우의 그 초과금액을 말하며, 합병차익은 자본거래로 인한 금액이므로 익금에 산입하지 않는다. 다만, 소멸된 회사로부터 승계한 재산가액이 그 회사로부터 승계한 채무액, 그 회사의 주주에게 지급한 금액과 주식가액을 초과하는 경우로서 「법인세법」에서 익금으로 규정한 금액은 제외한다.

3-6 분할차익

분할차익이란 「상법」에 따른 분할 또는 분할합병으로 설립된 회사 또는 존속하는 회사에 출자된 재산의 가액이 출자한 회사로부터 승계한 채무액, 출자한 회사의 주주에게 지급한 금액과 설립된 회사의 자본금 또는 존속하는 회사의 자본금증가액을 초과한 경우의 그 초과 금액을 말하며, 분할차익은 자본거래로 인한 금액이므로 익금에 산입하지 않는다. 다만, 분할 또는 분할합병으로 설립된 회사 또는 존속하는 회사에 출자된 재산의 가액이 출자한 회사로부터 승계한 채무액, 출자한 회사의 주주에게 지급한 금액과 주식가액을 초과하는 경우로서 「법인세법」에서 익금으로 규정한 금액은 제외한다.

3-7 자산의 평가이익

자산의 평가이익은 원칙적으로 익금에 산입하지 않는데, 자산의 평가이익을 세금회피수단으로 이용될 수 있기 때문이다. 따라서 「법인세법」은 이를 엄격히 규제하고 제한적으로 이를 익금에 산입하고 있다.

3-8 이미 과세된 소득

각 사업연도의 소득으로 이미 과세된 소득(비과세소득, 면제소득 포함)은 익금에 산입하지 않는다. 이는 이중과세를 방지하기 위하여 익금에 산입하지 않는 것인데, 과년도의 손금불산입 항목을 전기오류수정이익으로 처리한 경우가 이에 해당된다.

3-9 법인세 등의 환급액과 다른 세액에의 충당액

제세공과금의 손금불산입 규정에 의하여 손금에 산입하지 아니한 법인세 또는 법인지방소득세를 환급받았거나 환급받을 세액을 다른 세액에 충당한 금액은 익금에 산입하지 않는다.

법인세와 법인지방소득세의 환급액 또는 다른 세액에의 충당액이란 법인세 및 법인지방소득세를 납부한 후 당해 법인세와 법인지방소득세가 과오납되어 환급되거나 다른 납부할 세액에서 충당되는 금액을 말하는데, 이는 세법상 손금으로 인정받지 못한 금액이 환급되는 결과이므로 익금에 산입하지 않는 것이다.

3-10 국세 또는 지방세 과오납금의 환급금이자

국세 또는 지방세의 과오납금의 환급금에 대한 이자는 익금에 산입하지 않는다. 환급금에 대한 이자는 일종의 보상금인데, 여기에 법인세를 부담시키면 보상 효과가 감소하기 때문에 익금에 산입하지 않는 것이다. 그러나 강제징수비 과오납금의 환급금이자는 이에 해당하지 않기 때문에 익금에 산입한다.

3-11 부가가치세 매출세액

부가가치세 매출세액은 익금에 산입하지 않는다. 부가가치세 매출세액은 법인이 재화 또는 용역을 공급하면서 거래상대방으로부터 거래징수한 세액으로서 세무당국에 납부하여야 할 예수금(부채)이기 때문에 익금에 산입하지 않는다.

3-12 자산수증이익과 채무면제이익 등

무상으로 받은 자산의 가액인 자산수증이익과 채무의 면제 또는 소멸로 인한 부채의 감소액인 채무면제이익은 익금에 산입한다. 다만, 자산수증이익과 채무면제이익을 이월결손금의 보전(補塡)에 충당한 경우 그 충당한 금액은 익금에 산입하지 않는데, 보전방법은 다음과 같다.

이월결손금 보전방법	▪ 이월결손금과 직접 상계하는 방법
	▪ 주주총회결의로 이월결손금을 보전하고 이익잉여금(결손금)처리계산서에 계상하는 방법
	▪ 기업회계기준에 따라 영업외수익으로 계상하고 자본금과 적립금조정명세서에 그 금액을 이월결손금의 보전에 충당한다는 뜻을 표시하고 세무조정으로 익금불산입하는 방법

3-13 연결법인으로부터 받은 세액

내국법인이 연결자법인 또는 연결모법인으로부터 지급받았거나 지급받을 금액에 따라 계산한 세액은 익금에 산입하지 아니한다. 해당 금액은 내국법인이 연결자법인 또는 연결모법인으로부터 수령하여 과세당국에 납부하여야 할 예수금(부채)에 해당하기 때문이다.

3-14 자본준비금의 배당금액

「상법」에 따라 자본준비금 및 이익준비금이 자본금의 1.5배를 초과하는 경우에 주주총회의 결의에 따라 그 초과한 금액의 범위에서 자본준비금과 이익준비금을 감액하여 배당의 재원으로 사용할 수 있다. 이에 따라 내국법인의 자본준비금을 감액하여 받는 배당은 주주가 납입한 출자금을 환급받은 것이므로 주주가 받는 배당금액(내국법인이 보유한 주식의 장부가액을 한도로 함)은 익금에 산입하지 아니한다.

다만, 의제배당으로 과세되는 자본준비금과 적격합병(또는 적격분할)에 따른 합병차익(또는 분할차익) 중 피합병법인(또는 분할법인)의 3% 재평가세율 적용분 재평가적립금에 해당하는 자본준비금을 감액하여 받는 배당금액은 익금으로 본다.

합병(또는 분할)차익의 전부 또는 일부를 감액배당하는 경우 다음의 순서에 따라 배당한 것으로 본다.

① 피합병(또는 분할)법인의 3% 재평가세율 적용분 재평가적립금
② 피합병(또는 분할)법인의 이익잉여금 및 의제배당대상 자본잉여금에 해당하는 금액
③ 의제배당대상 자본잉여금 외의 자본잉여금(3% 재평가세율 적용분 재평가적립금은 제외)

감액배당을 익금에 산입하는 경우 합병(또는 분할)차익(A)에서 다음의 금액(B−C)을 뺀 금액을 차감한 금액〔합병(또는 분할)차익보다 큰 경우 합병(또는 분할)차익을 한도로 함〕을 한도로 한다.

- 피합병(또는 분할)법인의 자본금과 의제배당대상 자본잉여금 외의 자본잉여금의 합계액(또는 감소액)(3% 재평가세율 적용분 재평가적립금은 제외) : (B)
- 합병에 따라 증가한 합병법인의 자본금(또는 분할신설법인의 자본금) : (C)

한편, 합병(또는 분할)차익의 일부를 자본 또는 출자에 전입한 후 남은 금액을 감액배당하는 경우에는 남은 금액을 합병(또는 분할)차익으로 보고 한도금액을 계산하며, 이 경우에도 재평가적립금을 먼저 자본 또는 출자에 전입한 것으로 본다.

3-15 수입배당금액

법인이 수령한 수입배당금액에 대하여 법인세를 과세하는 경우에는 이중과세가 발생한다. 따라서 법인이 다른 내국법인으로부터 받는 수입배당금액에 대한 이중과세를 조정하기 위해 도입한 제도가 수입배당금액의 익금불산입제도이다. 우리나라에서 수입배당금의 이중과세

조정을 위해 도입한 제도는 ① 주식발행법인단계의 조정방법 ② 주주법인단계의 조정방법이 있다.

가. 주식발행법인단계의 조정방법

해당 법률에 따른 유동화전문회사, 투자회사·투자목적회사·투자유한회사·투자합자회사(기관전용 사모집합투자기구 제외)·투자유한책임회사·기업구조조정투자회사, 기업구조조정부동산투자회사·위탁관리부동산투자회사, 선박투자회사, 특수목적법인, 문화산업전문회사, 해외자원개발투자회사 등이 배당가능이익의 90% 이상 배당한 경우 그 금액을 각 사업연도의 소득금액계산에서 소득공제하는 방법이 그 예이다.

나. 주주법인단계의 조정방법

(1) 내국법인 수입배당금액의 익금불산입

내국법인이 해당 법인이 출자한 다른 내국법인(피출자법인)으로부터 받은 수입배당금액 중 아래 Ⓐ의 금액에서 Ⓑ의 금액을 뺀 금액은 각 사업연도의 소득금액을 계산할 때 익금에 산입하지 아니한다. 이 경우 그 금액이 0보다 작은 경우에는 없는 것으로 본다.

Ⓐ 익금불산입금액〔(피출자법인별 수입배당금액 × 해당 익금불산입률)의 합계액〕

피출자법인에 대한 출자비율	익금불산입률
50% 이상	100%
20% 이상 50% 미만	80%
20% 미만	30%

Ⓑ 차감금액(내국법인의 차입금이자)

출자법인이 차입금으로 피출자법인의 주식을 취득하는 경우 차입금이자가 손금으로 인정되고 수입배당금에 대해 익금불산입까지 적용하면 이중혜택이므로, 차입에 의한 출자를 규제하기 위하여 다음의 금액을 익금불산입금액에서 차감한다.

출자 관련 차입금이자 =

$$\text{차입금이자} \times \frac{\text{피출자법인의 주식 등의 장부가액 적수} \times \text{익금불산입률(100\%, 80\%, 30\%)}}{\text{내국법인의 사업연도 종료일 현재 자산총액 적수}}$$

다만, 다음의 어느 하나에 해당하는 수입배당금액에 대해서는 수입배당금액의 익금불산입 규정을 적용하지 아니한다(「법인세법」 18의2 ②).

- 배당기준일 전 3개월 이내에 취득한 주식 등을 보유함으로써 발생하는 수입배당금액
- 지급한 배당에 대하여 소득공제를 적용받는 법인으로부터 받은 수입배당금액
- 법인세를 비과세 · 면제 · 감면받는 법인(감면율이 100%인 사업연도, 동업기업과세특례를 적용받는 법인에 한정함)으로부터 받은 수입배당금액
- 지급한 배당에 대하여 소득공제를 적용받는 법인과세 신탁재산으로부터 받은 수입배당금액
- 「자산재평가법」을 위반하여 재평가적립금을 감액하여 지급받은 수입배당금액
- 적격합병(또는 적격분할)에 따른 합병차익(또는 분할차익) 중 피합병법인(또는 분할법인)의 재평가적립금에 해당하는 자본준비금을 감액하여 지급받은 수입배당금액
- 자본의 감소로 주주 등인 내국법인이 취득한 재산가액이 당초 주식 등의 취득가액을 초과하는 금액 등 피출자법인의 소득에 법인세가 과세되지 아니한 수입배당금액으로서 다음의 금액
  - 자본의 감소로 취득한 재산가액이 주식의 취득가액을 초과하는 금액(의제배당)
  - 자기주식을 보유한 상태에서 잉여금의 자본전입(의제배당 과세대상이 아닌 자본준비금과 건물 재평가적립금)에 따라 증가한 지분비율에 따른 이익(의제배당)

(2) 외국자회사 수입배당금액의 익금불산입

① 외국자회사로부터 받은 수입배당금액

내국법인(간접투자회사 등은 제외)이 출자한 외국자회사〔내국법인이 의결권 있는 발행주식총수(또는 출자총액)의 10%(해외자원개발사업을 하는 외국법인은 5%) 이상을 출자하고 있는 외국법인으로서 법령상 요건을 갖춘 법인〕로부터 받은 이익의 배당금(또는 잉여금의 분배금)과 의제배당으로 보는 금액의 95% 해당액은 각 사업연도의 소득금액을 계산할 때 익금에 산입하지 아니한다. 이 경우 익금불산입의 적용대상이 되는 수입배당금액에 대해서는 외국납부세액공제를 적용하지 아니한다.

② 외국법인으로부터 받은 자본준비금의 배당금액

내국법인이 해당 법인이 출자한 외국법인(외국자회사는 제외)으로부터 자본준비금을 감액하여 받는 배당으로서 익금에 산입되지 아니하는 배당에 준하는 성격의 수입배당금액을 받는 경우 그 금액의 95% 해당액은 각 사업연도의 소득금액을 계산할 때 익금에 산입하지 아니한다.

다만, 「국제조세조정에 관한 법률」에 따라 특정외국법인의 유보소득에 대하여 내국법인이 배당받은 것으로 보는 금액 및 해당 유보소득이 실제 배당된 경우의 수입배당금액에 대해서는 이를 적용하지 아니한다. 또한 다음(㉠~㉢)의 어느 하나에 해당하는 금액은 각 사업연도의 소득금액을 계산할 때 익금에 산입한다.

㉠ 「국제조세조정에 관한 법률」의 요건을 모두 충족하는 특정외국법인(실제부담세액이 실제 발생소득의 15% 이하인 특정외국법인)으로부터 받은 수입배당금액
㉡ 혼성금융상품(자본 및 부채의 성격을 함께 가진 금융상품 : 「법인세법 시행령」 18 ③ 참조)의 거래에 따라 내국법인이 지급받는 수입배당금액
㉢ 위 ㉠, ㉡과 유사한 수입배당금액

③ 요약

외국자회사로부터 받은 수입배당금액에 대한 이중과세조정 내용을 요약하면 다음과 같다.

구 분	이중과세조정방법	수입배당금 유형
지분비율 10% 이상	95% 익금불산입 (외국납부세액공제 배제)	이익배당, 의제배당 모두 해당
지분비율 10% 미만	외국납부세액공제	이익배당만 해당, 의제배당 제외
	95% 익금불산입	자본준비금 감액배당(익금불산입하는 자본준비금에 준하는 성격의 감액배당 재원만 해당)

한편, 외국자회사로부터 받은 수입배당금액에 대해 이중과세조정이 배제되는 경우는 다음과 같다.

- 특정외국법인(외국의 세부담률이 국내최고세율의 70% 이하인 특수관계법인)의 배당간주금액
- 특정사업을 영위하거나 특정행위를 주된 사업으로 하는 특정외국법인의 배당간주금액
- 총수입금액의 5% 초과하는 수동소득이 있는 특정외국법인의 배당간주금액
- 외국의 실제부담세액이 실제발생소득의 15% 이하인 특정외국법인의 이익배당과 의제배당
- 혼성금융상품(한국은 자본, 외국은 부채로 분류)에서 발생하는 이익배당과 의제배당

제 3 장

손 금

1. 손금산입

손금은 자본 또는 출자의 환급, 잉여금의 처분 및 「법인세법」에서 손금불산입으로 규정하는 것은 제외하고 해당 법인의 ① 순자산을 감소시키는 거래로 인하여 발생하는 손실 또는 비용("손비"라 함)의 금액으로 한다. 또한 손비는 「법인세법」 및 다른 법률에서 달리 정하고 있는 것을 제외하고는 그 법인의 ② 사업과 관련하여 발생하거나 지출된 손실 또는 비용으로 일반적으로 인정되는 통상적인 것이거나 ③ 수익과 직접 관련된 것으로 한다.

1-1 순자산의 감소

손금은 순자산을 감소시켜야 한다. 순자산의 감소는 자산의 감소 또는 부채의 증가를 통해 나타난다. 그러나 순자산을 감소시키는 거래라고 하더라도 자본거래로 인한 것과 세법에서 손금불산입으로 규정한 것은 손금에서 제외한다.

1-2 사업과 관련된 통상적인 것

손금은 사업과 관련된 통상적인 지출이어야 하는데, 통상적이란 사업에 필요한 일상적인 것 또는 수익적 지출이라는 의미이다. 따라서 업무와 관련 없는 비용이나 업무무관자산과 관련된 지급이자, 기부금 등은 사업과 관련된 통상적인 지출이 아니므로 손금으로 인정될 수 없다.

1-3 수익과 직접 관련된 것

순자산을 감소시키는 지출이 사업과 관련된 통상적인 것이 아니라도 수익과 직접 관련된 경우에는 손금이 된다. 예를 들어, 업무와 관련이 없는 자산을 취득·관리함으로써 생기는 비용은 사업과 관련된 통상적인 것이 아니므로 손금불산입항목이지만, 해당 자산을 양도하는 경우 그 장부가액은 수익인 양도금액과 직접 관련된 것이므로 이를 손금에 산입한다.

손비의 범위	
▪ 판매한 상품·제품의 원료매입가액과 부대비용 ▪ 양도 자산의 장부가액 ▪ 인건비 ▪ 임직원의 출산 및 양육지원비 ▪ 유형·무형자산의 감가상각비 ▪ 자산의 임차료 ▪ 차입금이자 ▪ 자산의 평가차손 ▪ 특수관계인으로부터 양수한 자산의 시가 미달액에 대한 감가상각비 상당액 ▪ 회수할 수 없는 부가가치세 매출세액 미수금 ▪ 제세공과금	▪ 조합(협회)비 ▪ 무상기증한 잉여식품의 가액 ▪ 업무와 관련 있는 해외시찰훈련비 ▪ 우리사주조합 출연 자사주의 장부가액 ▪ 광고선전용 기증 물품의 구입비용 ▪ 장식·미화를 위한 소액 미술품의 취득가액 ▪ 주식매수선택권의 행사비용 보전액 ▪ 중소(중견)기업이 부담하는 기여금 ▪ 사내근로(공동근로)복지기금 ▪ 보험회사와 주택도시보증공사의 책임준비금 증가액

2. 손비의 범위

2-1 판매한 상품·제품에 대한 원료 매입가액과 판매부대비용

판매한 상품 또는 제품에 대한 원료의 매입가액은 손금에 산입한다. 판매한 상품 또는 제품에 대한 원료의 매입가액이란 사업수익금액에 대응하는 원가로서 매출원가를 의미한다. 매입가액에서 매입에누리금액 및 매입할인금액을 제외하는데, 회계기준에 따른 회계처리와 같다.

판매한 상품 또는 제품의 보관료, 포장비, 운반비, 판매장려금 및 판매수당 등 판매와 관련된 부대비용(판매장려금 및 판매수당의 경우 사전약정 없이 지급하는 경우 포함)은 손금에 포함된다.

판매와 관련된 부대비용이란 기업회계기준에 따라 계상한 판매 관련 부대비용을 말한다. 따라서 매출에누리나 매출할인은 기업회계기준에서 매출액의 차감항목으로 규정하고 있으므로 판매부대비용에 해당하지 않는다.

2-2 양도한 자산의 장부가액

양도한 자산의 양도 당시의 장부가액은 손금에 산입한다. 법인이 자산을 양도할 때 받는 양도금액 전액을 익금으로 보므로 이에 대응하는 원가를 손금으로 보는 것인데, 손금을 총액주의 관점에서 표현한 것이다. 판매한 상품・제품에 대한 원료 매입가액과 그 부대비용은 손금으로 이미 규정하였으므로, 여기에서의 자산은 재고자산 외의 모든 자산을 말한다.

2-3 인건비

인건비는 손금에 산입하며, 여기에는 내국법인(중소・중견기업으로 한정) 100% 직접 또는 간접 출자한 해외현지법인에 파견된 임원 또는 직원의 인건비(내국법인이 지급한 인건비가 내국법인 및 해외출자법인이 지급한 인건비 합계의 50% 미만인 경우로 한정)가 포함된다. 인건비는 근로의 대가로 지급하는 금액으로서 봉급・임금・상여・퇴직금・복리후생비 등을 모두 일컫는 개념이다. 인건비는 원칙적으로 손금산입하지만 과다경비에 해당되는 경우 손금불산입하는데, 구체적인 내용은 "과다경비의 손금불산입"에서 설명한다.

2-4 임직원의 출산 및 양육지원비

임원 또는 직원의 출산 또는 양육 지원을 위해 임직원에게 공통적으로 적용되는 지급기준에 따라 지급하는 금액은 손금에 산입한다.

2-5 유형자산의 수선비

유형자산의 수선비는 손금에 산입한다. 유형자산의 수선비란 취득 후 사용하는 과정에서 수리・개선 등을 위한 지출을 말하는데, 그 지출의 성격에 따라 자본적 지출 또는 수익적 지출로 구분한다. 수선비의 처리에 대한 내용은 "감가상각비의 손금불산입"에서 설명한다.

2-6 유형・무형자산에 대한 감가상각비

유형자산 및 무형자산에 대한 감가상각비는 세법이 허용한 범위 내에서 손금에 산입한다. 상세한 내용은 "감가상각비의 손금불산입"에서 설명한다.

2-7 특수관계인으로부터 양수한 자산에 대한 감가상각비

특수관계인으로부터 자산 양수를 하면서 기업회계기준에 따라 장부에 계상한 자산가액이 시가에 미달하는 경우 다음의 금액에 대하여 계산한 감가상각비 상당액은 신고조정에 의해 손금에 산입한다. 기업회계에서는 동일지배하에 있는 기업 간 사업 인수·인도 시 양수자는 양도자의 장부가액으로 승계하고 지급한 대가와 장부가액의 차액은 잉여금에서 조정한다. 이 경우 결산상 취득한 취득가액이 세무상 취득가액에 미달되면 그 차액은 영원히 결산상 감가상각을 할 수 없는 문제가 발생한다. 따라서 이는 동일지배에 있는 기업간 주식 인수·인도 거래에서 발생하는 회계기준과 「법인세법」의 차이를 해소하기 위한 규정이다. 신고조정에 의해 손금산입할 수 있는 금액은 다음과 같다.

- 실제취득가액이 시가를 초과하는 경우 : 손금산입 가능액 = 시가－장부가액
- 실제취득가액이 시가에 미달하는 경우 : 손금산입 가능액 = 실제취득가액－장부가액

요약하면, 신고조정에 의한 손금산입 가능액 = Min(시가, 실제취득가액)－장부가액

2-8 자산의 임차료

법인이 지급하는 자산의 임차료는 손금에 산입한다. 자산의 임차료란 「여신전문금융업법」에 의한 시설대여거래, 임대차, 사용대차거래 및 렌탈거래 등으로 인하여 특정자산의 물적 용역을 이용하는 법인이 지급하는 일체의 대가를 말한다.

2-9 차입금이자

법인의 운영자금으로 사용된 차입금이자는 손금에 산입한다. 차입금이자에는 어음할인 또는 회사채할인발행의 경우 발생하는 할인료가 포함된다. 다만, 채권자가 불분명한 사채이자, 지급받는 자가 불분명한 채권·증권의 이자와 할인액, 건설자금이자 및 비업무용 자산에 대한 지급이자는 손금에 산입하지 않는다. 상세한 내용은 "지급이자 손금불산입"에서 설명한다.

2-10 회수 불능 부가가치세 매출세액 미수금

회수할 수 없는 부가가치세 매출세액 미수금(「부가가치세법」의 대손세액공제를 받지 아니한 것에 한정)은 손금에 산입한다. 재화 또는 용역을 공급하는 자의 대손세액 관련 회계처리는 다음과 같다.

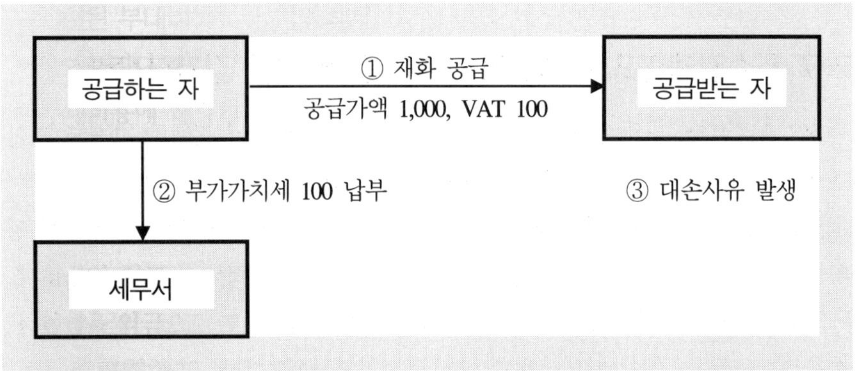

1. 재화의 공급

(차)	매출채권	1,100	(대)	매　　출	1,000
				부가가치세예수금	100

2. 부가가치세 신고납부

(차)	부가가치세예수금	100	(대)	현　　금	100

3. 대손 발생(대손요건과 대손세액공제요건 모두 충족)

(차)	부가가치세예수금	100	(대)	매출채권	1,100
	대손충당금	1,000			

2-11 자산의 평가차손

자산의 평가차손은 손금에 산입하면서 동시에 제한적으로 손금불산입으로 규정하기 때문에 결과적으로는 제한적으로 손금에 산입된다. 구체적으로 다음의 경우에 한하여 손금산입 한다.

- 파손・부패 등의 사유로 인하여 정상가격으로 판매할 수 없는 재고자산의 평가손실
- 천재지변・화재・수용・폐광 등의 사유로 인하여 파손 또는 멸실된 고정자산
- 주권상장법인이 발행한 주식 등 그 발행법인의 부도 등으로 인한 주식의 평가차손
- 화폐성외화자산・부채의 평가손실(강제조정)
- 통화 관련 파생상품(통화선도, 환위험회피용 통화선도 등)의 평가차손(강제조정)
- 주식발행법인의 파산으로 인하여 발생한 주식의 평가차손

2-12 제세공과금

법령에 의하여 법인이 납부하였거나 납부할 제세공과금은 순자산의 감소를 수반하므로 손금에 산입한다. 그러나 세법은 법인세·가산세 및 벌금 등과 같이 제세공과금의 성격이나 조세정책상의 이유에서 손금불산입하는 제세공과금을 별도로 규정하고 있다.

2-13 조합비 또는 협회비

영업자가 조직한 단체로서 다음의 하나에 해당하는 조건을 충족하는 단체에 지급한 회비(조합비·협회비)는 손금에 산입한다.

- 법인인 경우일 것
- 주무관청에 등록된 조합 또는 협회일 것

이 경우 조합 또는 협회에 지급한 회비는 조합 또는 협회가 법령 또는 정관이 정하는 바에 따른 정상적인 회비징수 방식에 의하여 경상경비 충당 등을 목적으로 조합원 또는 회원에게 부과하는 회비로 한다.

2-14 탐광비 및 무료진료와 무상기증한 잉여식품의 가액

광업의 탐광비는 손금에 산입한다. 또한 보건복지부장관이 정하는 무료진료권에 의하여 행한 무료진료의 가액은 손금에 산입하며, 식품 및 생활용품의 제조업이나 도·소매업을 영위하는 내국법인이 해당 사업에서 발생한 잉여식품을 무상으로 기증하는 경우 기증한 잉여식품의 장부가액은 손금에 산입하며, 그 금액은 기부금으로 보지 않는다.

2-15 해외시찰·훈련비와 특별학급 운영비 등

법인의 업무를 수행하기 위한 해외시찰·훈련비는 손금에 산입한다. 또한 관계법령에 따른 근로청소년을 위한 특별학급의 운영비 또는 수당도 손금에 산입한다.

2-16 우리사주조합에 출연하는 자사주의 장부가액과 금품

법인이 「근로복지기본법」에 따른 우리사주조합에 출연하는 자사주의 장부가액 또는 금품의 시가는 손금산입한다. 회계기준에 따르면 우리사주조합에 자기주식을 출연하는 경우 공정가치를 인건비로, 공정가치와 장부가액의 차액을 자기주식처분손익으로 회계처리하기 때문에 장부가액을 손금산입하는 「법인세법」과 차이가 있다. 따라서 자기주식처분이익이 발생한 경우 익금산입(기타)하고, 자기주식처분손실이 발생한 경우에는 손금산입(기타)한다.

2-17 소액 미술품의 취득가액

법인이 미술품을 구입한 경우 자산으로 회계처리해야 한다. 그러나 장식 · 환경미화 등의 목적으로 사무실 · 복도 등 여러 사람이 볼 수 있는 공간에 항상 전시하는 미술품의 취득가액을 그 「취득한 날」이 속하는 사업연도의 「손비로 계상한」 경우에는 그 취득가액(취득가액이 거래단위별로 1천만원 이하인 것으로 한정)을 손금산입한다.

2-18 광고선전용 기증물품의 구입비용

불특정 다수인을 위한 광고선전 목적으로 기증한 물품의 구입비용〔특정인에게 기증한 물품(개당 3만원 이하의 물품은 제외)의 경우에는 연간 5만원 이내의 금액에 한정함〕은 손금에 산입한다.

2-19 주식매수선택권 등 행사비용 보전액

임직원이 금융지주회사 또는 해외모법인으로부터 부여받은 주식매수선택권 또는 주식기준보상을 행사하거나 지급받는 경우 주식매수선택권 또는 주식기준보상을 부여하거나 지급한 법인에 그 행사 또는 지급비용으로서 보전하는 금액은 손금에 산입한다.

또한 「상법」 등에 따른 주식매수선택권, 「근로복지기본법」에 따른 우리사주매수선택권이나 금전을 부여받거나 지급받은 자에 대해 지급하는 보상금액(시가와 매수가액의 차액)이나 주식기준보상으로 지급하는 금액도 손금에 산입한다.

2-20 중소 · 중견기업이 부담하는 기여금과 유족학자금

「중소기업 인력지원 특별법」에 따라 성과보상기금을 조성하기 위해 중소기업과 중견기업이 부담하는 기여금은 손금에 산입한다. 또한 임직원(지배주주 제외)의 사망 이후 유족에게 학자금으로서 임직원의 사망 전에 정관, 주주총회, 이사회의 결의에 의하여 결정되어 임직원에게 공통적으로 적용되는 지급기준에 따라 지급되는 것은 손금에 산입한다.

2-21 사내근로복지기금 등

내국법인이 설립〔또는 다른 내국법인(협력중소기업) 간에 공동으로 설립 또는 내국법인의 협력중소기업이 설립〕한 「근로복지기본법」에 따른 사내근로복지기금(또는 공동근로복지기금)은 손금에 산입한다.

2-22 보험회사와 주택도시보증공사의 책임준비금 증가액

보험회사와 주택도시보증공사가 「보험업법」과 「주택도시기금법 시행령」에 따라 적립한 책임준비금의 증가액(할인율의 변동에 따른 책임준비금 평가액의 증가분은 제외)으로서 보험감독회계기준에 따라 비용으로 계상된 금액은 손금에 산입한다.

2-23 그 밖의 손비로서 법인에 귀속되었거나 귀속될 금액

앞에서 열거되지 않은 것도 법인의 순자산을 감소시키는 거래로 인하여 발생하는 손비의 금액은 손금불산입 규정이 없는 한 손금에 산입한다.

제 4 장

손금불산입

손금불산입이란 법인의 순자산을 감소시키는 거래로 인하여 발생하는 손비의 금액으로서 손금이지만 개념적 성격이나 정책적 목적에서 손금에서 제외시키는 것을 말한다. 「법인세법」 대부분의 내용이 손금불산입 관련 규정이며, 손금불산입에는 다음과 같은 유형이 있다.

손금불산입의 범위	
이익처분 등 자본거래로 인한 손비	▪ 잉여금처분의 손비 계상액 ▪ 주식할인발행차금 ▪ 법인세와 법인지방소득세
자산처리하여야 하는 손비	▪ 부가가치세 매입세액 ▪ 개별소비세 · 주세 · 교통세 미납액
법 집행의 효율성 제고	▪ 세법상 의무불이행으로 인한 세액 ▪ 벌금 · 과료 · 과태료 · 가산금 및 강제징수비
조세정책, 사업관련성 요건 미충족	▪ 대손금 부인액 ▪ 자산평가차손 ▪ 감가상각비 한도초과액 ▪ 기부금 한도초과액 ▪ 기업업무추진비 한도초과액 ▪ 과다경비 ▪ 업무와 관련없는 경비 ▪ 지급이자 부인액

1. 대손금의 손금불산입

1-1 개 념

대손금이란 채권 중 회수불가능한 것으로 확정된 손비를 말한다. 대손금은 손금의 정의를 충족하지만 회수불가능 여부의 판단을 법인의 재량에 맡기면 과세소득의 조정이 가능하므로 요건을 엄격히 규정하고 있다. 구체적으로 법인의 채권 중 채무자의 파산 등 법령에 정하는 사유로 회수할 수 없는 채권은 사업연도의 소득금액을 계산할 때 손금에 산입한다. 그러나 손금산입시기의 조정에 의한 소득조작을 방지하기 위하여 강제대손사유와 임의대손사유로 구분하여 손금산입방법을 달리 규정하고 있다.

1-2 대손금의 범위

가. 강제대손사유 발생 채권(강제조정)

강제대손사유 발생 채권이란 법률상 권리의 소멸로 인하여 회수할 수 없는 채권을 말한다. 이 유형의 채권은 해당 사유가 발생한 날에 법인의 회계처리 여부와 관계없이 반드시 손금에 산입하여야 하는 강제조정사항에 해당한다. 만약 해당 사유가 발생한 날에 손금에 산입하지 않으면 이후 사업연도에는 손금으로 인정되지 않기 때문에 당해 사유 발생연도의 소득을 「경정」하여야 한다. 구체적으로 강제대손사유 발생 채권은 다음과 같다.

강제대손사유 발생 채권 : 강제신고조정사항
① 「상법」에 따른 소멸시효가 완성된 외상매출금 및 미수금
② 「어음법」과 「수표법」에 따른 소멸시효가 완성된 어음과 수표
③ 「민법」에 따른 소멸시효가 완성된 대여금 및 선급금
④ 「채무자 회생 및 파산에 관한 법률」에 따른 회생계획인가 결정 또는 법원의 면책결정에 따라 회수불능으로 확정된 채권
⑤ 「서민의 금융생활 지원에 관한 법률」에 따른 채무조정을 받아 신용회복지원협약에 따라 면책으로 확정된 채권
⑥ 「민사집행법」에 따라 채무자의 재산에 대한 경매가 취소된 압류채권

나. 임의대손사유 발생 채권(결산조정)

(1) 원 칙

임의대손사유 발생 채권이란 법률상 권리는 소멸되지 않았다고 하더라도 채무자의 자산상황 · 지급능력 등에 비추어 볼 때 자산성 유무에 대하여 채권자가 회수불능이라고 판단하여 「손비로 계상하는 시점」에 대손금으로 인정하는 채권을 말한다. 이 경우 대손금은 해당 사유가 발생하고 법인이 손금으로 계상한 것을 전제로 하기 때문에 결산조정사항이 된다. 임의대손사유 발생 채권은 다음과 같다.

임의대손사유 발생 채권 : 결산조정사항
① 물품의 수출 또는 외국에서의 용역제공으로 발생한 채권으로서 재정경제부령으로 정하는 사유에 해당하여 무역에 관한 법령에 따라 한국무역보험공사로부터 회수불능으로 확인된 채권 ② 채무자의 파산, 강제집행, 형의 집행, 사업의 폐지, 사망, 실종, 행방불명으로 회수할 수 없는 채권 ③ 부도발생일*부터 6개월 이상 지난 수표 또는 어음상의 채권 및 중소기업의 외상매출금(부도발생일 이전의 것에 한함) (단, 해당 법인이 채무자의 재산에 대하여 저당권을 설정하고 있는 경우는 제외) * 부도발생일은 소지하는 부도수표(어음)의 지급기일(지급기일 전에 해당 수표나 어음을 제시하여 금융회사로부터 부도확인을 받은 경우 그 부도확인일)로 하며, 이 경우 대손금으로 손비에 계상할 수 있는 금액은 사업연도 종료일 현재 회수되지 아니한 해당 채권의 금액에서 1천원을 뺀 금액으로 함. ④ 중소기업의 외상매출금 · 미수금으로서 회수기일이 2년 이상 지난 것(단, 특수관계인과의 거래로 인하여 발생한 것은 제외) ⑤ 재판상 화해 등 확정판결과 같은 효력을 가지는 것으로서 재정경제부령으로 정하는 것에 따라 회수불능으로 확정된 채권 ⑥ 회수기일이 6개월 이상 지난 채권 중 채권가액이 30만원 이하(채무자별 채권가액의 합계액 기준)인 채권 ⑦ 금융회사의 채권(신기술사업금융업자는 신기술사업자에 대한 것에 한정) 중 다음의 채권 ▪ 금융감독원장이 재정경제부장관과 협의하여 정한 대손처리기준에 따라 금융회사가 금융감독원장으로부터 대손금으로 승인받은 것 ▪ 금융감독원장이 대손처리기준에 해당한다고 인정하여 대손처리를 요구한 채권으로 금융회사가 대손금으로 계상한 것 ⑧ 벤처투자회사의 창업자에 대한 채권으로서 중소벤처기업부장관이 재정경제부장관과 협의하여 정한 기준에 해당한다고 인정한 것

(2) 합병 또는 분할의 특례

합병법인 또는 분할신설법인이 이미 확정된 피합병법인 또는 분할법인의 임의대손사유가 발생한 채권을 승계하고 그 대손금 계상시기를 선택함으로써 과세소득을 조정할 수 있다. 이로 인한 조세회피를 방지하기 위해 피합병법인이나 분할법인의 임의대손사유 발생 채권을 합병등기일 또는 분할등기일이 속하는 사업연도까지 손비로 계상하지 않은 경우 합병등기일 또는 분할등기일이 속하는 사업연도에 강제대손사유 발생 채권으로 의제한다. 즉, 법인이 다른 법인과 합병하거나 분할한 경우로서 임의대손사유 발생 채권을 합병등기일 또는 분할등기일이 속하는 사업연도까지 손비로 계상하지 아니한 경우에는 그 대손금은 해당 법인의 합병등기일 또는 분할등기일이 속하는 사업연도의 손비로 한다.

다. 조정채권

회계기준에 따른 채권의 재조정에 따라 채권의 장부가액과 현재가치의 차액을 대손금으로 계상한 경우에는 이를 손금에 산입하며, 손금에 산입한 금액은 회계기준의 환입방법에 따라 이를 익금에 산입한다. 즉, 채권·채무조정에서 변제 또는 원리금의 감면 후의 채권잔액에 대해 이자율 인하, 만기 연장 등의 조건이 변경되는 경우 명목가액과 새로운 계약조건의 명목상 현금흐름의 현재가치의 차액인 현재가치할인차금을 대손금으로 인식하고, 유효이자율법에 따라 환입하는 현재가치할인차금을 이자수익으로 인식하는 회계기준의 회계처리를 「법인세법」이 그대로 수용한다.

라. 대손금 계상 제외채권

다음의 어느 하나에 해당하는 채권은 대손사유가 발생하더라도 해당 대손금을 손금에 산입하지 않는다.

① 채무보증(「독점규제 및 공정거래에 관한 법률」에 해당하는 채무보증 등 법령으로 정하는 채무보증 제외 : 「법인세법 시행령」 19조의2 ⑥ 참조)으로 인하여 발생한 구상채권
② 부당행위계산의 부인 규정에 따른 특수관계인에게 해당 법인의 업무와 관련 없이 지급한 가지급금으로서 명칭 여하에 불구하고 해당 법인의 업무와 관련이 없는 자금의 대여액

2. 자본거래로 인한 손비의 손금불산입

다음의 자본거래로 인한 손비는 손금에 산입하지 않는다. 자본거래로 인한 손비는 개념상 자본거래에 해당하기 때문에 손비가 될 수 없기 때문이다.

- 결산을 확정할 때 잉여금의 처분을 손비로 계상한 금액
- 주식할인발행차금(「상법」에 따라 액면미달 가액으로 신주를 발행하는 경우 그 미달하는 금액과 신주발행비의 합계액)

3. 세금과 공과금의 손금불산입

세금과 공과금은 손금에 산입한다. 그러나 세금과 공과금의 성격이나 조세정책의 취지에 따라 손금에 산입하지 아니하는 세금과 공과금을 열거하고 있다. 그 내용은 다음과 같다.

3-1 법인세와 법인지방소득세

각 사업연도에 납부하였거나 납부할 법인세와 법인지방소득세는 손금에 산입하지 않는다. 법인세와 법인지방소득세는 소득 분배적 성격의 지출이므로 손금의 정의에 부합되지 않기 때문이다. 구체적인 내용을 요약하면 다음과 같다.

손금불산입 법인세 등	
본세	▪ 각 사업연도의 소득에 대한 법인세 ▪ 토지 등 양도차익에 대한 법인세 ▪ 외국에서 납부한 외국법인세액(외국자회사로부터 받은 익금불산입대상 수입배당금에 대해 납부한 외국납부세액과 외국납부세액공제를 적용하는 경우의 외국법인세액 포함) ▪ 청산소득에 대한 법인세
부가세	▪ 법인지방소득세 ▪ 법인세를 본세로 하여 부과되는 농어촌특별세

3-2 의무불이행으로 인한 세액

각 세법에 규정된 의무불이행으로 인해 납부하였거나 납부할 세액(가산세 포함)은 손금에 산입하지 아니한다. 여기에서 의무불이행에는 간접국세의 징수불이행 · 납부불이행과 기타의 의무불이행을 포함한다. 본 규정은 세법상 의무조항의 효력을 확보하기 위한 것이다.

3-3 부가가치세 매입세액

부가가치세 매입세액은 부가가치세 납부시 매입세액공제로 돌려받는 자산에 해당하므로 손금에 산입하지 않는다. 또한 의제매입세액과 재활용폐자원에 대한 매입세액 중 공제받은 것은 원재료의 매입가액에서 공제한다. 그러나 매입세액이 불공제되는 경우 사업자의 귀책 사유 유무에 따라 처리가 달라지는데 사업자의 귀책으로 매입세액 불공제되는 경우(사업무관 지출 관련 매입세액, 등록 전 매입세액, 세금계산서의 미수취·부실기재분 수취, 합계표 미제출·부실 기재 관련 매입세액) 손금에 산입하지 않으나, 다음에 해당하는 불공제 매입세액은 손금에 산입한다.

가. 부가가치세가 면제되는 경우

부가가치세가 면제되는 재화·용역에 대한 매입세액은 거래내용에 따라 취득원가 또는 손금에 산입한다. 따라서 자산의 취득 관련 매입세액은 자산의 취득원가에 가산하고, 비용 관련 매입세액은 비용처리한다.

나. 승용자동차와 그 유지에 관한 매입세액

「개별소비세법」에 따른 승용자동차(운수업, 자동차판매업, 자동차임대업, 운전학원업 및 이와 유사한 업종에 직접 영업으로 사용되는 것은 제외)의 구입과 임차 및 유지에 관한 매입세액은 매출세액에서 공제하지 아니한다. 따라서 구입에 관한 매입세액은 차량의 취득원가에 산입하며, 임차와 유지에 관한 매입세액으로서 수익적 지출은 손금산입하고 자본적 지출에 해당하는 것은 취득원가에 산입한다.

다. 기업업무추진비 관련 매입세액

기업업무추진비 및 이와 유사한 비용의 지출에 관한 매입세액은 매출세액에서 공제되지 아니한다. 따라서 이를 기업업무추진비에 합산하여 그 시인 한도 내에서 손금에 산입한다.

라. 영수증을 교부받은 거래분에 대한 매입세액

영수증을 교부받은 경우의 매입세액은 매출세액에서 공제되지 않는다. 따라서 거래내용에 따라 취득원가 또는 손금에 산입한다.

마. 전세금 등에 대한 매입세액

간주임대료란 임대인이 부가가치세가 과세되는 부동산을 임대하고 받은 전세금 또는 임대보증금에 대한 이자상당액으로서 부가가치세 과세표준이 된다. 이러한 간주임대료에 대한 부가가치세는 원칙적으로 임대인이 부담하는 것이나, 임대인과 임차인간의 약정에 의하여 임차인이 부담하는 것으로 할 수 있는데, 누가 부담하든지 간주임대료에 대한 부가가치세는 손금산입한다. 임대인이 부담한 간주임대료에 대한 부가가치세의 회계처리는 다음과 같다.

(차)	현 금	1,100	(대)	용역매출	1,000
				VAT예수금	100
	세금과공과	T (간주임대료에 대한 부가가치세)		VAT예수금	T

3-4 미판매제품의 반출필 개별소비세 등 미납액

개별소비세, 주세는 과세물품을 제조장에서 반출하는 자가 납세의무를 진다. 법인이 제조장에서 판매장으로 과세물품을 반출한 경우에는 아직 판매되지 아니하였더라도 개별소비세, 주세를 먼저 납부하고 당해 과세물품을 판매할 때 매입자로부터 회수할 수 있는 채권이기 때문에 판매하지 않은 제품에 대한 개별소비세, 주세의 미납액은 손금에 산입하지 않는다.

3-5 벌금 등

법인이 납부한 벌금 · 과료(통고처분에 따른 벌금 또는 과료에 상당하는 금액 포함) · 과태료(과료와 과태금 포함) · 가산금 및 강제징수비는 손금에 산입하지 않는다.

3-6 공 과 금

공과금이란 국가 또는 공공단체가 국민 또는 공공단체의 구성원에게 강제적으로 부과하는 공적부담금으로서 조세 외의 것을 말하며, 원칙적으로 손금에 산입된다. 공과금은 다음과 같은 특징을 가지고 있다.

- 국가 또는 공공단체가 부과한다
- 법령에 의해 부과 징수된다

따라서 법령에 따라 의무적으로 납부하는 것이 아니거나 법령에 따른 의무불이행, 금지 · 제한 등의 위반을 이유로 부과되는 공과금(「장애인고용촉진 및 직업재활법」에 따른 부담금을 포함)은 손금에 산입하지 않는다.

3-7 연결법인에게 지급한 세액

연결모법인 또는 연결자법인에게 지급하였거나 지급할 금액은 손금에 산입하지 않는다. 이 금액은 법인세에 해당하기 때문이다. 구체적으로 연결모법인 또는 연결자법인에게 지급하였거나 지급할 금액은 다음과 같다.

연결법인별 산출세액 − (해당 법인의 감면세액 + 중간예납세액 + 원천징수된 세액)

4. 징벌적 목적의 손해배상금

법인이 지급한 손해배상금 중 실제 발생한 손해를 초과하여 지급하는 금액은 내국법인의 각 사업연도의 소득금액을 계산할 때 손금에 산입하지 않는다. 구체적으로 손금불산입하는 손해배상금은 관계법령과 외국의 법령에 따라 지급한 손해배상액 중 실제 발생한 손해액을 초과하는 금액을 말한다. 한편, 실제 발생한 손해액이 분명하지 아니한 경우에는 **손금불산입 대상 손해배상금**은 다음의 산식에 따라 계산한 금액으로 한다.

$$\text{손금불산입 대상 손해배상금} = Ⓐ \times \frac{Ⓑ - 1}{Ⓑ}$$

Ⓐ : 해당 법령에 따라 지급한 손해배상금
Ⓑ : 실제 발생한 손해액 대비 손해배상액의 배수 상한

5. 자산평가손실의 손금불산입

내국법인이 보유하는 자산의 평가손실은 각 사업연도의 소득금액을 계산할 때 손금에 산입하지 않는다. 또한 유형자산을 「감정평가 및 감정평가사에 관한 법률」에 따라 감정받은 가액으로 감액하거나 동일 광구 내 일부의 갱도가 폐쇄된 경우에 발생하는 광업용 유형자산의

평가차손도 손금에 산입하지 아니한다. 다만, 예외적으로 손금에 산입하는 경우도 있는데, 이는 제3장 「손금」에서 이미 설명한 바 있다.

6. 감가상각비의 손금불산입

감가상각이란 유형자산의 취득원가를 내용연수에 걸쳐 체계적·합리적 방법으로 배분하는 과정이다. 「법인세법」에 따른 감가상각의 특징은 다음과 같다.

6-1 감가상각의 특징

가. 임의상각제도

감가상각비를 각 사업연도의 소득금액계산상 장부에 손비로 계상하는 것은 법인의 재량에 속한다. 상각범위 내에서 손금에 산입할 감가상각비를 기업이 결정할 수 있으므로 임의상각제도라고 한다. 따라서 감가상각비를 장부에 계상하지 않거나 또는 상각범위액에 미달하게 계상한 경우에는 미계상액 또는 미달금액은 소득금액을 계산할 때 손금에 산입하지 않는다.

나. 상각범위의 규제

감가상각비는 「법인세법」에서 정한 금액(상각범위액)을 한도로 손금에 산입하며, 손금으로 계상한 금액 중 상각범위액을 초과하는 금액은 손금에 산입하지 않는다.

다. 결산조정

감가상각비는 내국법인이 각 사업연도의 결산을 확정할 때 이를 손비로 계상한 경우에 상각범위 내에서 해당 사업연도의 소득금액을 계산할 때 손금에 산입한다. 따라서 법인이 감가상각비를 전혀 계상하지 않거나 상각범위액에 미달하여 계상한 경우에는 그 부족액을 신고조정 또는 경정으로 손금에 산입하지 않는다.

라. 상각방법의 정형화

감가상각방법은 정액법, 정률법, 생산량비례법 및 균등액상각법으로 한정한다. 또한 자산의 종류별로 한 가지 방법을 선택·신고하도록 하고 이를 계속적으로 적용하여야 한다.

마. 내용연수의 법정화

자산의 구조 또는 자산별·업종별로 내용연수를 정하고 있으며, 시험연구용 자산과 같은 특정자산은 법인의 형편에 따라 일정범위 내에서 선택할 수 있도록 하고 있다.

6-2 감가상각자산의 범위

가. 유형자산

▪ 건물(부속설비 포함) 및 구축물	▪ 기계 및 장치(유휴설비 포함)
▪ 차량 및 운반구, 공구, 기구 및 비품	▪ 동물 및 식물
▪ 선박 및 항공기	▪ 기타

나. 무형자산

- 영업권(합병 · 분할로 인해 합병법인 등이 계상한 영업권 제외), 디자인권, 상표권 등
- 특허권, 어업권, 양식업권, 채취권, 유료도로관리권, 수리권, 전기가스공급시설이용권 등
- 광업권, 전신전화전용시설이용권, 전용측선이용권, 하수종말처리장시설관리권 등
- 댐사용권
- 개발비
- 사용수익기부자산가액
- 주파수이용권, 공항시설관리권, 항만시설관리권
- 그 밖에 이와 유사한 무형자산

(1) 개발비

상업적인 생산 또는 사용 전에 재료 · 장치 · 제품 · 공정 · 시스템 또는 용역을 창출하거나 현저히 개선하기 위한 계획 또는 설계를 위하여 연구결과 또는 관련 지식을 적용하는 데 발생하는 비용으로서 기업회계기준에 따른 개발비 요건을 갖춘 것(「산업기술연구조합 육성법」에 따른 산업기술연구조합의 조합원이 해당 조합에 연구개발 및 연구시설 취득 등을 위하여 지출하는 금액을 포함)을 말한다.

(2) 사용수익기부자산가액

금전 외의 자산을 국가 · 지방자치단체, 사립학교, 국립대학병원, 사회복지법인 또는 공익법인 등에게 기부한 후 그 자산을 사용하거나 그 자산으로부터 수익을 얻는 경우 해당 자산의 장부가액을 말한다.

다. 감가상각 제외자산

다음의 하나에 해당하는 자산은 감가상각자산에 포함하지 않는다.

- 사업에 사용하지 아니하는 것(유휴설비 제외)
- 건설중인 것
- 시간의 경과에 따라 그 가치가 감소되지 아니하는 것

6-3 감가상각의 손비계상방법과 결정요소

가. 손비계상방법

감가상각비를 결산조정에 의하여 손비로 계상하는 경우에는 다음 중 한 가지 방법을 선택하여야 한다.

- 해당 감가상각자산의 장부가액을 직접 감액하는 방법(직접법)
- 감가상각누계액으로 계상하는 방법(간접법)

또한 다음과 같이 회계처리한 경우에도 감가상각비를 손비로 계상한 것으로 본다.

- 취득가액 또는 자본적 지출을 손비로 계상한 경우
- 감가상각비를 전기오류수정손실로 계상한 경우
- 감가상각자산이 진부화, 물리적 손상 등에 따라 시장가치가 급격히 하락하여 기업회계기준에 따라 손상차손을 계상한 경우(천재지변・화재・법령에 의한 수용・채굴예정량의 채진으로 인한 폐광의 경우는 제외)

나. 감가상각의 결정요소

감가상각의 결정요소는 감가상각대상 금액과 상각률이다. 감가상각대상 금액은 취득가액에서 잔존가액을 차감한 금액이며, 상각률은 내용연수와 상각방법에 의해 결정된다. 이 두 가지 요소에 의해 계산한 금액을 상각범위액이라고 말하며, 상각범위액은 개별 감가상각자산별로 계산한다.

상각범위액 = 감가상각대상 금액(취득가액 − 잔존가액) × 상각률(내용연수, 상각방법)

(1) 취득가액

감가상각자산의 취득가액은 다음에 설명할 「자산의 취득가액」에 관한 규정을 준용하여 계산한다.

(2) 잔존가액 및 비망가액

감가상각자산의 상각범위액을 계산할 때 잔존가액은 영(0)으로 한다. 다만, 정률법은 잔존가액을 영으로 하면 상각률을 계산할 수 없기 때문에 잔존가액을 취득가액의 5%로 하되, 그 잔존가액(취득가액의 5%)은 당해 자산의 미상각잔액이 최초로 취득가액의 5% 이하가 되는 사업연도의 상각범위액에 가산하여 상각한다.

한편, 감가상각이 종료되는 감가상각자산은 취득가액의 5%와 1,000원 중 적은 금액을 당해 자산의 장부가액으로 하고, 비망가액은 당해 자산을 처분 또는 폐기하는 연도까지 손금에 산입할 수 없다.

(3) 내용연수

감가상각자산의 내용연수는 자산별로 「법인세법 시행규칙」의 〔별표〕에 구체적으로 정하고 있다.

<table>
<tr><th colspan="2">구 분</th><th colspan="2">내 용</th></tr>
<tr><td colspan="2">시험연구용 자산</td><td colspan="2">〔별표 2〕</td></tr>
<tr><td colspan="2">무형자산</td><td colspan="2">〔별표 3〕</td></tr>
<tr><td rowspan="2">유형자산</td><td>건축물 등</td><td>〔별표 5〕</td><td rowspan="2">기준내용연수 및 내용연수범위 N(0.75×N~1.25×N)
*N을 기준내용연수, 괄호 안을 내용연수범위라 함.</td></tr>
<tr><td>업종별 자산</td><td>〔별표 6〕</td></tr>
</table>

시험연구용 자산 및 무형자산 외의 감가상각자산은 〔별표 5〕와 〔별표 6〕에서 정하는 기준내용연수 및 기준내용연수의 25%를 가감하여 규정된 내용연수범위 안에서 내용연수를 선택할 수 있다. 이 경우 세무서장에게 내용연수를 연 단위로 신고하여야 하며, 이를 신고내용연수라 한다. 그러나 내용연수를 세무서장에게 신고기한 내에 신고를 하지 않은 경우에는 기준내용연수를 적용한다.

(4) 내용연수의 특례 및 변경

시험연구용 자산과 무형자산은 내용연수의 선택의 여지가 없기 때문에 계속성 원칙이나 내용연수의 특례 및 변경에 관한 규정이 적용되지 않는다. 그러나 그 밖의 감가상각자산은 자산별 · 업종별로 적용한 신고내용연수 또는 기준내용연수는 그 후의 사업연도에 계속하여 적용하는 것이 원칙이지만, 예외적으로 내용연수의 특례 또는 변경을 허용한다.

법인은 사업장별로 지방국세청장의 승인을 받아 기준내용연수에 기준내용연수의 50%(한국채택국제회계기준 최초 적용연도에 결산내용연수를 변경하거나 「법인세법」상 기준내용연수가 변경된 경우 25%)를 가감한 범위 안에서 내용연수범위와 달리 내용연수를 적용하거나(특례) 적용하던 내용연수를 변경할 수 있다. 내용연수의 특례 또는 변경 사유는 다음과 같다.

- 사업장이 위치한 특성으로 자산의 부식·마모·훼손의 정도가 현저한 경우
- 생산설비가동률이 직전 3개 사업연도의 평균가동률보다 현저히 증가한 경우
- 새로운 생산기술 및 신제품 개발 등으로 기존 생산설비의 가속상각이 필요한 경우
- 경제적 여건의 변동으로 조업을 중단하거나 생산설비의 가동률이 감소한 경우
- 한국채택국제회계기준을 최초로 적용하는 사업연도에 결산내용연수를 변경한 경우
- 감가상각자산에 대한 기준내용연수가 변경된 경우

(5) 사업연도(정규 사업연도)가 1년 미만인 경우

법인이 정한 사업연도가 1년 미만인 경우에는 다음의 산식에 의하여 계산한 내용연수, 즉 환산내용연수와 그에 따른 상각률을 적용한다. 이때 월수는 역(曆)에 따라 계산하며, 1개월 미만의 일수는 1개월로 한다.

$$\text{환산내용연수} = (\text{내용연수·신고내용연수 또는 기준내용연수}) \times \frac{12}{\text{사업연도의 월수}}$$

(6) 중고자산 등의 내용연수 특례

중고자산을 취득하거나 합병으로 자산을 승계취득한 경우에도 신규취득으로 보아 〔별표〕의 내용연수를 적용해야 하지만, 중고자산에 대해 〔별표〕의 내용연수를 적용하게 되면 감가상각의 완료 전에 자산의 폐기처분으로 인해 일시에 손금이 발생하게 된다.

따라서 다음의 두 가지 요건을 모두 충족한 경우 그 자산의 기준내용연수의 50%에 상당하는 연수와 기준내용연수의 범위에서 선택하여 세무서장에게 신고한 연수(수정내용연수)를 내용연수로 할 수 있다. 이 경우 수정내용연수를 계산할 때 1년 미만은 없는 것으로 한다.

- 기준내용연수(해당 내국법인에게 적용되는 기준내용연수)의 50% 이상이 경과된 자산
- 다른 법인 또는 사업자로부터 취득(합병·분할로 자산을 승계한 경우 포함)한 경우

수정내용연수(N)의 범위 : 기준내용연수 × 50%(하한) ≦ N ≦ 기준내용연수(상한)

* 기준내용연수 5년인 중고자산의 수정내용연수의 범위는 5×50%=2.5→2년 ≦N≦5년임.

(7) 상각률

시험연구용 자산과 무형자산(개발비 · 사용수익기부자산 · 주파수이용권 · 공항시설관리권 · 항만시설관리권 제외)을 포함한 모든 감가상각자산의 상각률은 감가상각자산의 상각률표(별표 4)에 규정된 정액법 또는 정률법에 따른 상각률을 적용한다. 다만, 광업권, 채취권, 광업용 유형자산 및 폐기물매립시설에 대해 생산량비례법을 적용하는 경우에는 생산량비례법에 따른 상각률을 적용한다.

다. 감가상각방법

「법인세법」상 감가상각방법은 자산별로 규정하고 있으며, 이 중 신고한 방법에 의하여 상각범위액을 계산한다. 그 내용은 다음과 같다.

자산 구분	상각방법	비 고
건축물 · 무형자산	정액법	광업권 · 폐기물매립시설 · 개발비 · 사용수익기부자산 · 주파수이용권 · 공항(또는 항만)시설관리권 제외
건축물 외의 유형자산	정률법 · 정액법	광업용 유형자산 제외
광업권(채취권 포함), 폐기물매립시설	생산량비례법 · 정액법	「해저광물자원개발법」에 의한 채취권 포함
광업용 유형자산	생산량비례법 · 정률법 · 정액법	
개발비	판매 · 사용가능시점부터 20년 이내에 신고내용연수에 따라 월할상각법	
사용수익기부자산	사용수익기간(또는 신고내용연수)에 따라 월할상각법	
주파수이용권 · 공항(또는 항만)시설관리권	주무관청에서 고시하거나 주무관청에 등록한 기간 내에서 사용기간에 따라 균등액을 상각하는 방법	
그 밖에 위의 자산과 유사한 무형자산	연 단위로 신고한 내용연수(기업회계기준에 따른 내용연수를 말한다)에 따라 매 사업연도별 경과월수에 비례하여 상각하는 방법	

(1) 정액법

취득가액에 당해 자산의 내용연수에 따른 상각률을 곱하여 계산한 각 사업연도의 상각범위액이 매년 균등하게 되는 방법을 말한다. 정액법은 감가상각비를 같은 금액으로 계상하여야 한다는 의미가 아니라 감가상각범위액이 일정하다는 의미이다. 따라서 감가상각비를 실제 얼마 계상하였는지에 관계없이 상각범위액은 매년 일정하다.

- 정액법에 의한 상각범위액 : Ⓐ = 상각계산 기초 가액(취득가액)* × 내용연수에 따른 상각률
- 당기 상각 시인범위액〔기초(期初) 미상각잔액〕 : Ⓐ ≤ 취득가액 - 세무상 감가상각누계액

* ① 당기말 결산상 취득가액, ② 전기말까지의 즉시상각의제액, ③ 당기 즉시상각의제액의 합계액(①+②+③)으로서 세무상 취득가액을 의미함.

(2) 정률법

취득가액에서 세법상 이미 감가상각비로 손금에 산입한 금액(업무용승용차의 경우 손금에 산입하지 않은 금액 포함)을 공제한 잔액(미상각잔액)에 해당 자산의 내용연수에 따른 상각률을 곱하여 계산한 각 사업연도의 상각범위액이 매년 체감하는 상각방법을 말한다. 정률법에 의한 상각범위액은 다음과 같이 계산한다.

- 정률법에 의한 상각범위액 = 상각계산 기초 가액(미상각잔액)* × 내용연수에 따른 상각률

* ① 당기말 결산상 취득가액에서 ② 전기말 결산상 감가상각누계액을 차감한 후 ③ 상각부인액과 ④ 당기 즉시상각의제액을 합한 금액(①-②+③+④)으로 세무상 미상각잔액을 의미함.

(3) 생산량비례법

생산량비례법은 다음에 해당하는 금액을 각 사업연도의 상각범위액으로 하는 상각방법을 말한다.

감가상각자산의 미상각잔액을 그 자산이 속하는 광구(폐기물매립시설)의 잔존채굴예정량(총채굴예정량-직전 사업연도까지의 누적채굴량)으로 나누어 계산한 금액에 해당 사업연도의 기간 중 그 광구(폐기물매립시설)에서 채굴(매립)한 양을 곱하여 계산한 금액

생산량비례법에 의한 상각범위액은 다음과 같이 계산한다.

$$\text{상각범위액} = \text{세무상 미상각잔액} \times \frac{\text{당기 채굴량}}{\text{잔존채굴예정량}} \text{ 또는 } \frac{\text{당기 매립량}}{\text{잔존매립예정량}}$$

(4) 상각방법의 신고

법인이 감가상각방법을 신고할 때에는 자산별로 하나의 방법을 선택하여 영업개시일 또는 감가상각방법이 다른 자산을 새로 취득한 경우에는 취득일이 속하는 사업연도의 법인세 과세표준 신고기한까지 세무서장에게 제출하여야 한다.

(5) 무신고의 경우

법인이 상각방법의 신고를 하지 않은 경우 당해 감가상각자산에 대한 상각범위액은 다음의 상각방법에 의하여 계산한다.

구 분	감가상각방법
건축물 · 무형자산(광업권 등 제외)	정액법
건축물 외 유형자산(광업용 유형자산 제외)	정률법
광업권(채취권 포함) · 폐기물매립시설 · 광업용 유형자산	생산량비례법
개발비	판매 · 사용가능시점부터 5년 동안 매년 균등상각법(월할상각)
사용수익기부자산	사용수익기간 또는 신고내용연수에 따라 월할상각법
주파수이용권 · 공항(항만)시설관리권	주무관청이 고시 또는 등록한 기간 내에서 사용기간에 따라 균등액을 상각하는 방법
그 밖에 위의 자산과 유사한 무형자산	5년 동안 매년 균등액을 상각하는 방법

(6) 감가상각방법의 변경

법인이 신고한 상각방법(무신고의 경우 세법에 정한 방법)은 그 후의 사업연도에도 계속하여 적용하지만, 상각방법이 서로 다른 법인이 합병한 경우 등에 법령에 정한 사유에 해당하는 경우에는 변경할 감가상각방법을 적용하고자 하는 사업연도의 종료일까지 감가상각방법 변경신청을 하고 세무서장의 승인을 얻어 상각방법을 변경할 수 있다. 감가상각방법을 변경한 경우 상각범위액은 회계기준과 동일하게 전진법으로 계산한다.

> 변경된 방법에 의한 상각범위액 = 미상각잔액 × 신고(또는 기준)내용연수에 따른 상각률

6-4 감가상각비의 시부인

가. 원 칙

감가상각비의 시부인계산은 「개별자산별」로 손금으로 계상한 감가상각비와 상각범위액을 비교하여 행하며, 개별자산 간 상각부인액과 시인부족액은 서로 통산할 수 없다.

<table>
<tr><th>구 분</th><th>내 용</th><th>세무조정</th></tr>
<tr><td>상각부인액</td><td>회사 계상 감가상각비>상각범위액</td><td>손금불산입(유보)</td></tr>
<tr><td rowspan="2">시인부족액</td><td rowspan="2">회사 계상 감가상각비<상각범위액</td><td>전기이월 상각부인액이 있는 경우 :
당기 시인부족액 범위 내 손금산입(△유보)</td></tr>
<tr><td>전기이월 상각부인액이 없는 경우 :
세무조정 없이 당기 시인부족액은 소멸</td></tr>
</table>

나. 상각범위액 계산의 특수문제

(1) 정규사업연도가 1년 미만인 경우

법령 또는 정관 등에 정한 사업연도가 1년 미만인 경우에는 환산한 내용연수에 의한다고 하였다. 예를 들어, 사업연도가 6월인 법인은 내용연수 5년인 자산에 대한 상각률은 내용연수를 수정하여 10년의 상각률을 적용한다.

(2) 사업연도 변경 또는 의제로 사업연도가 1년 미만인 경우

사업연도 변경, 합병·해산 등으로 인한 사업연도의 의제 규정, 법인의 신설, 중간예납세액 가결산으로 인하여 법인의 사업연도가 1년 미만인 경우에는 상각범위액에 해당 사업연도의 월수를 곱한 금액을 12로 나누어 계산한 금액을 그 상각범위액으로 한다. 이 경우 월수는 역에 따라 계산하되 1월 미만의 일수는 1월로 한다.

$$\text{1년 미만의 상각범위액} = \text{사업연도가 1년인 경우의 상각범위액} \times \frac{\text{해당 사업연도의 월수}}{12}$$

(3) 사업연도 중 신규취득자산

사업연도 중에 취득하여 사업에 사용한 감가상각자산에 대한 상각범위액은 사업에 사용한 날부터 당해 사업연도 종료일까지의 월수에 따라 계산한다. 이 경우 월수는 역(曆)에 따라 계산하되, 1월 미만의 일수는 1월로 한다.

(4) 사업연도 중 양도자산

사업연도 중 양도한 자산은 양도 직전까지의 감가상각비를 계상하지 않아도 감가상각비를 계상한 경우와 소득금액의 차이가 없다. 따라서 양도자산에 대한 감가상각비는 계상 여부에 관계없이 시부인계산을 하지 않는다. 다만, 양도자산의 상각부인액은 손금추인하며, 시인부족액은 별도의 세무조정을 하지 않는다.

- 전기이월 상각부인액 : 손금추인(유보)
- 전기이월 시인부족액 : 소멸함(세무조정 없음)

한편, 내용연수와 취득시기가 동일한 감가상각자산 중 일부를 양도한 경우 양도자산의 감가상각누계액 및 상각부인액(시인부족액)은 당해 감가상각자산 전체의 감가상각누계액 및 상각부인액(또는 시인부족액)에 취득가액의 비율을 곱하여 계산한다.

$$\text{양도자산의 상각부인액} = \text{해당 감가상각자산 전체의 상각부인액} \times \frac{\text{양도자산의 취득가액}}{\text{해당 감가상각자산 전체의 취득가액}}$$

다. 상각부인액의 처리

법인이 상각범위액을 초과해 손금에 산입하지 않는 금액(상각부인액)은 그 후의 사업연도에 해당 법인이 손비로 계상한 감가상각비가 상각범위액에 미달하는 경우에 그 미달하는 금액(시인부족액)을 한도로 손금에 산입한다. 상각부인액의 효과는 다음과 같다.

- 차기 이후의 상각계산의 기초 가액을 증가시켜 상각범위액을 증가시킨다.
- 차기 이후에 발생한 시인부족액의 범위에서 손금산입(추인)한다.
- 내용연수를 연장시키는 효과는 없다.

라. 시인부족액의 처리

법인이 손금으로 계상한 감가상각비가 상각범위액에 미달하는 경우에 그 미달하는 금액인 시인부족액은 그 후 사업연도의 상각부인액에 이를 충당하지 못한다. 따라서 시인부족액은 감가상각비를 계상하지 않은 것으로 보며, 시인부족액의 효과는 다음과 같다.

- 전기 이전에 상각부인액이 있는 경우에는 당기 시인부족액의 범위에서 손금산입한다.
- 전기 이전에 시인부족액이 있는 경우에는 이를 없는 것으로 본다(소멸 처리).

마. 평가증한 경우

「보험업법」이나 그 밖의 법률에 따라 감가상각자산의 장부가액을 증액한 경우 해당 감가상각자산의 상각부인액은 평가증의 한도까지 익금에 산입한 것으로 보아 이를 손금으로 추인하고, 평가증의 한도를 초과하는 금액은 이를 그 후의 사업연도에 이월할 상각부인액으로 본다. 이 경우 시인부족액은 소멸하는 것으로 보는데, 결국 평가차익 전액이 익금에 산입된다. 장부가액을 증액한 경우 세법상 처리는 다음과 같다.

구 분	세무조정
상각부인액이 있는 경우	Min(상각부인액, 평가증액)을 손금산입
시인부족액이 있는 경우	시인부족액은 소멸

6-5 감가상각의 의제

감가상각은 임의상각이므로 법인세의 면제 또는 감면기간 중에는 감가상각비를 계상하지 않고 그 기간이 지난 후에 계상함으로써 법인세 부담을 회피할 수 있다. 이에 사업연도의 소득에 대하여 법인세를 면제받거나 감면받은 경우 자산에 대한 감가상각비가 상각범위액이 되도록 감가상각비를 손금에 산입하여야 하는데(강제조정), 이를 감가상각의 의제라고 한다.

다만, 한국채택국제회계기준을 적용하는 법인은 「K-IFRS 적용기업의 감가상각비 손금산입 특례」에 따라 개별 자산에 대한 감가상각비를 추가로 손금에 산입할 수 있다(감가상각의 의제 규정 배제).

또한 관할세무서장(또는 지방국세청장)의 추계결정 또는 경정을 하는 경우에는 감가상각자산에 대한 감가상각비를 손금에 산입한 것으로 보아 감가상각의 의제 규정을 적용한다.

가. 감가상각의 의제금액

감가상각의 의제금액은 해당 자산의 상각범위액에서 손금으로 계상한 감가상각비의 차액이 되는데, 다음과 같이 계산한다.

감가상각의 의제금액(강제조정) = 감가상각범위액 − 감가상각비 계상액

나. 상각범위액

감가상각의 의제를 적용하게 된 경우의 상각범위액은 감가상각방법에 따라 달라진다

(1) 정률법의 경우

정률법은 미상각잔액에서 손금에 계상하지 않은 감가상각비를 공제한 잔액을 기초 가액으로 하여 상각률을 곱하여 계산한 금액으로 한다.

정률법에 의한 상각범위액 = (상각대상 기초 가액 − 감가상각의 의제금액) × 상각률

(2) 정액법 또는 생산량비례법의 경우

정액법 또는 생산량비례법의 경우에는 당해 감가상각자산의 취득가액에 당해 내용연수에 따른 상각률을 곱하여 계산한 금액으로 한다.

정액법 또는 생산량비례법에 의한 상각범위액 = 취득가액 × 내용연수에 따른 상각률

6-6 즉시상각의 의제

가. 개 념

감가상각자산의 취득가액과 자본적 지출은 자산처리하고 감가상각을 통해 손금에 산입하는 것이 원칙이나 취득가액과 자본적 지출을 비용처리하더라도 이를 부인하지 않고 감가상각비를 계상한 것으로 보는데, 이를 즉시상각의 의제라고 한다. 구체적으로 다음의 어느 하나에 해당하는 금액을 손비로 계상한 경우에는 해당 사업연도의 소득금액을 계산할 때 감가상각비를 계상한 것으로 보아 상각범위액을 계산한다.

- 감가상각자산을 취득하기 위하여 지출한 금액
- 감가상각자산에 대한 자본적 지출에 해당하는 금액

나. 시부인계산을 하는 경우

(1) 취득가액 또는 자본적 지출을 손비로 계상한 경우

감가상각자산의 취득을 위해 지출한 금액과 자본적 지출 해당액을 손비로 계상한 경우에는 감가상각한 것으로 보아 시부인계산을 한다. 자본적 지출이란 감가상각자산의 내용연수를 연장시키거나 해당 자산의 가치를 현실적으로 증가시키기 위하여 지출한 수선비를 말한다.

(2) 손상차손을 계상한 경우

감가상각자산이 진부화, 물리적 손상 등에 따라 시장가치가 급격히 하락하여 회계기준에 따라 손상차손을 계상한 경우(천재지변 · 화재 등 사유로 파손 · 멸실된 경우 제외)에는 해당 금액을

감가상각비 계상액으로 보아 감가상각비 손금불산입 규정을 적용한다.

다. 시부인계산을 하지 않는 경우(전액 손금산입)

(1) 소액수선비를 지출한 경우

수선비 금액의 크기에 따라 자본적 지출에 해당하더라도 이를 자본적 지출로 보지 않는다. 구체적으로 법인이 각 사업연도에 지출한 수선비가 다음의 어느 하나에 해당하는 경우로서 수선비를 해당 사업연도의 손비로 계상한 경우에는 중요성이 없으므로 비용계상액을 즉시상각의제로 보지 아니하고 전액 당기 손금으로 인정한다. 따라서 이 경우에는 감가상각비의 시부인 계산을 할 필요가 없다.

- 개별자산별로 수선비로 지출한 금액이 600만원 미만인 경우
- 개별자산별로 수선비로 지출한 금액이 직전사업연도 종료일 현재 재무상태표의 자산가액(취득가액－감가상각누계액)의 5%에 미달하는 경우
- 3년 미만의 기간마다 주기적인 수선을 위하여 지출하는 경우

(2) 소액자산을 취득한 경우

편의상 감가상각비 시부인 계산을 하지 않는 경우도 있는데, 취득가액이 거래단위별로 100만원 이하인 감가상각자산은 그 사업에 사용한 날이 속하는 사업연도의 손비로 계상한 것에 한정하여 손금에 산입한다. 다만, 다음의 하나에 해당하는 경우 100만원 이하의 소액자산이지만 대량으로 보유 또는 취득하게 되므로 취득원가로 계상하여야 한다.

- 그 고유업무의 성질상 대량으로 보유하는 자산
- 그 사업의 개시 또는 확장을 위하여 취득한 자산

(3) 소모성 기구 등

다음의 자산은 사업에 사용한 날이 속하는 사업연도의 손비로 계상한 것에 한정하여 이를 손금에 산입한다.

- 어업에 사용되는 어구(어선용구 포함)
- 영화필름, 공구, 가구, 전기기구, 가스기기, 가정용 기구, 시계, 시험기기, 측정기 등
- 대여사업용 비디오테이프와 음악용 CD로서 개별자산의 취득가액이 30만원 미만인 것
- 전화기(휴대용 전화기 포함) 및 개인용 컴퓨터(그 주변기기 포함)

(4) 폐기한 자산

다음의 어느 하나에 해당하는 경우에는 해당 자산의 장부가액에서 1천원을 공제한 금액을 폐기일이 속하는 사업연도의 손금에 산입할 수 있다.

- 시설의 개체 또는 기술의 낙후로 인하여 생산설비의 일부를 폐기한 경우
- 사업의 폐지 또는 사업장의 이전으로 임대차계약에 따라 임차한 사업장의 원상회복을 위하여 시설물을 철거하는 경우

한편, 비망가액 1,000원은 당해 자산을 실제로 처분하는 사업연도에 처분가액과 1,000원의 차액을 익금 또는 손금에 산입한다.

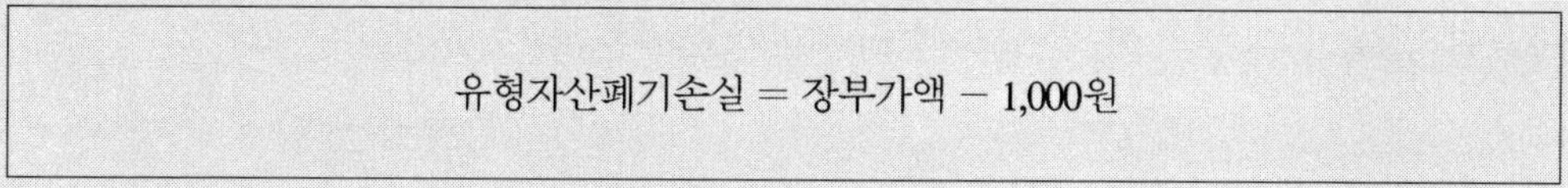

유형자산폐기손실 = 장부가액 − 1,000원

〔즉시상각 의제 흐름도〕

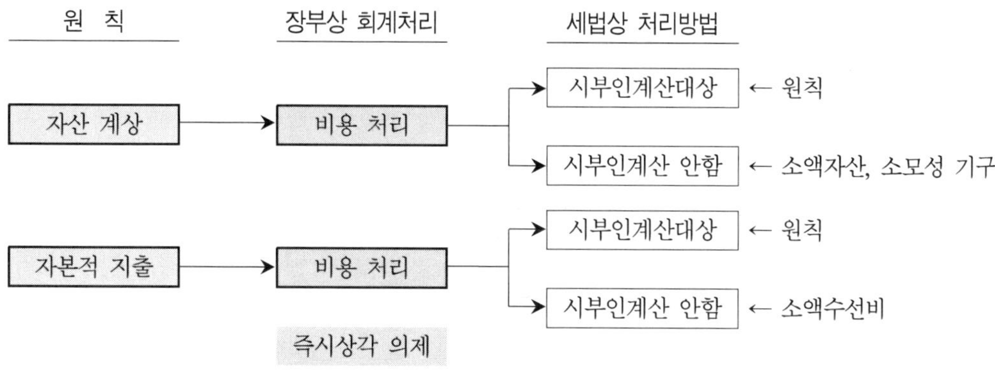

7. 기부금의 손금불산입

기부금은 법인의 사업과 직접 관계없이 무상으로 제공하는 금전 또는 기타 재산의 가액을 말한다. 기부금은 순자산의 감소를 초래하지만 사업과 관계없는 지출로 원칙적으로 손금에 산입하지 않지만, 공익성이 있는 기부금에 한하여 손금산입을 허용하고 있다.

7-1 기부금의 범위

가. 업무무관 증여

기부금이란 내국법인이 사업과 직접 관계없이 무상으로 지출하는 금액을 말하며, 업무와 관련된 무상증여인 경우에는 기업업무추진비가 된다.

나. 의제기부금

법인이 특수관계인 외의 자에게 정당한 사유 없이 자산을 정상가액보다 낮은 가액으로 양도하거나 특수관계인 외의 자로부터 정상가액보다 높은 가액으로 매입하는 거래를 통하여 실질적으로 증여한 것으로 인정되는 금액은 기부금에 포함하며, 이 경우 정상가액은 시가에 시가의 30%를 더하거나 뺀 범위의 가액으로 한다.

구 분	정상가액	의제기부금
저가양도	시가 − 시가×30% = 시가×70%	의제기부금 = 정상가액−저가
고가매입	시가 + 시가×30% = 시가×130%	의제기부금 = 고가−정상가액

7-2 기부금의 종류

가. 특례기부금

특례기부금이란 다음의 하나에 해당하는 기부금을 말한다.

- 국가나 지방자치단체에 무상으로 기증하는 금품의 가액
- 국방헌금과 국군장병위문금품의 가액
- 천재지변으로 생기는 이재민을 위한 구호금품의 가액
- 사립학교 등의 시설비 · 교육비 · 장학금 또는 연구비
- 국립대학병원 등의 시설비 · 교육비 또는 연구비
- 사회복지사업에 필요한 재원을 모집하는 법인에 지출하는 기부금

나. 일반기부금

일반기부금이란 사회복지 · 문화 · 예술 · 교육 · 종교 · 자선 · 학술 등 공익성을 고려하여 법령으로 정하는 기부금을 말하며, 4가지 유형으로 분류된다.

- 일반기부금단체의 고유목적사업비로 지출하는 기부금
- 각 학교의 장이 추천하는 개인에게 교육비·연구비 또는 장학금으로 지출하는 기부금
- 무료(또는 실비)이용시설(또는 기관)과 국제기구에 지출하는 금품의 가액
- 법인으로 보는 단체의 수익사업에서 발생한 소득을 고유목적사업비로 지출하는 금액

7-3 기부금의 손금산입한도

내국법인이 각 사업연도에 지출하는 기부금 중 **특례기부금**과 **일반기부금**은 손금산입한도액 내에서 해당 사업연도의 소득금액을 계산할 때 순차적으로 손금에 산입하고, 손금산입한도액을 초과하는 금액과 그 외의 기부금은 손금에 산입하지 않는다.

가. 특례기부금

특례기부금은 기준소득금액에서 과세표준계산상 공제가능한 이월결손금을 뺀 후의 금액에 50%를 곱하여 산출한 금액을 초과하는 경우 그 초과하는 금액은 해당 사업연도의 소득금액을 계산할 때 손금에 산입하지 않는다. **기준소득금액**이란 피합병법인 등의 양도손익은 제외하고 특례기부금과 일반기부금을 손금에 산입하기 전의 해당 사업연도의 소득금액을 말한다.

특례기부금 손금 한도액 = 〔기준소득금액 − 이월결손금* 〕× 50%

* 각 사업연도의 개시일 전 15년 이내에 개시한 사업연도에서 발생한 결손금(각 사업연도 소득의 80%를 한도로 이월결손금 공제를 적용받는 법인은 기준소득금액의 80%를 한도로 함)

나. 일반기부금

일반기부금은 기준소득금액에서 과세표준 계산할 때 공제가능한 이월결손금과 특례기부금 손금산입액(이월잔액 중 손금산입한 금액 포함)을 차감한 금액에 10%(「사회적기업 육성법」에 따른 사회적기업은 30%)를 곱하여 산출한 금액을 초과하는 금액은 해당 사업연도의 소득금액을 계산할 때 손금에 산입하지 않는다. 구체적으로 일반기부금의 손금산입 한도는 다음과 같다.

손금 한도 = (기준소득금액−이월결손금−특례기부금 손금산입액) ×10%(사회적기업은 30%)

다. 특례·일반기부금의 이월공제

특례기부금 및 일반기부금의 손금산입한도액을 초과하여 손금에 산입하지 아니한 금액은 해당 사업연도의 다음 사업연도 개시일부터 10년 이내에 끝나는 각 사업연도로 이월하여 그 이월된 사업연도의 소득금액을 계산할 때 특례기부금 및 일반기부금 각각의 손금산입 한도액의 범위에서 손금에 산입한다.

- 이월공제기간은 10년 이내의 사업연도에 한해 적용하며, 이 기간이 지나면 소멸한다.
- 이월된 금액을 해당 사업연도의 기부금보다 먼저 손금에 산입하고, 이월된 금액은 먼저 발생한 이월금액부터 손금에 산입한다(선입선출법 적용).

7-4 기부금의 평가

기부금은 금전으로 지출하는 것이 보통이나 금전 외의 자산으로 제공하는 경우도 있는데, 이 경우의 기부금 평가방법은 다음과 같다.

구 분	평가방법
특례기부금	기부했을 때의 장부가액
특수관계인이 아닌 자에게 지급한 일반기부금	
그 밖의 경우	Max(기부했을 때의 장부가액, 시가)

7-5 현물기부에 대한 세무조정

(1) 현물기부금이 특례·일반기부금인 경우

현물기부금이 특례·일반기부금인 경우에는 제공한 때의 장부가액으로 평가한다. 이 경우 기부로 인한 익금은 영(0), 기부금은 장부가액으로 본다. 따라서 회사의 회계처리와 세법상 차이가 없으므로 세무조정이 발생하지 않는다. 회사의 회계처리란 다음의 분개를 말한다.

(차)	특례(일반)기부금	×××(장부가액)	(대)	재고자산(현물)	×××(장부가액)

(2) 현물기부금이 기타 기부금인 경우

현물기부금이 기타 기부금인 경우에는 제공한 때의 시가(시가가 장부가액보다 낮은 경우 장부가액)로 평가한다. 시가가 장부가액보다 큰 경우에는 기부거래로 인한 익금은 시가와 장부가액의 차액(시가−장부가액)으로, 기부금(손금)은 시가로 보고 시부인계산한다. 따라서 회사의 회계처리와 세법상 차이가 있게 되므로 다음과 같이 세무조정을 한다.

- 익금산입 : 시가와 장부가액의 차액(유보)
- 손금산입 : 기부금 과소계상액(△유보) → 기타 기부금을 시부인계산한다.

* 실무에서는 세무조정을 하지 않고 기부금에 대한 시부인계산을 시가로 하고 있음.

7-6 기부금의 손금귀속시기

기부금의 손금귀속시기는 현금주의에 의한다. 따라서 실제 지출이 이루어진 사업연도의 손금에 산입한다. 기부금의 내용별 손금귀속시기를 요약하면 다음과 같다.

(1) 기부금을 가지급금으로 이연계상한 경우

기부금을 가지급금으로 이연계상한 경우에는 이를 지출한 사업연도의 기부금으로 보며, 그 후의 사업연도에는 기부금으로 보지 않는다. 따라서 가지급금으로 계상한 기부금을 손금산입하여 시부인계산 대상에 포함하고, 그 후 사업연도에 비용으로 계상한 기부금은 손금에 산입하지 않는다.

(차)	가지급금	100(가정)	(대)	현 금	100(가정)

세무조정 : 가지급금 100원을 감액(손금산입, △유보)시키고, 이 기부금 100원을 시부인계산한다.

(2) 기부금을 미지급금으로 계상한 경우

기부금을 미지급금으로 계상한 경우 실제로 지출할 때까지는 해당 사업연도의 소득금액을 계산할 때 이를 기부금으로 보지 않는다. 따라서 기부금을 비용으로 처리한 때에는 손금에 산입하지 않고 실제로 지출한 연도에 손금에 산입하여 시부인계산한다.

(차)	기부금	100(가정)	(대)	미지급금	100(가정)

세무조정 : 부채의 과다계상으로 보므로 미지급금 100원을 부채감소(손금불산입, 유보)시키고 결제시점에 100원을 손금산입(△유보) 기부금으로 보아 시부인계산한다.

(3) 어음 · 수표를 발행한 경우

기부금 지출을 위해 어음을 발행(배서 포함)한 경우 그 어음이 실제로 결제된 날에 지출한 것으로 보며, 수표를 발행한 경우에는 당해 수표를 교부한 날에 지출한 것으로 본다.

8. 기업업무추진비의 손금불산입

기업업무추진비란 접대, 교제, 사례 또는 그 밖에 어떠한 명목이든 상관없이 이와 유사한 목적으로 지출한 비용으로서 법인이 직접 또는 간접적으로 업무와 관련이 있는 자와 업무를 원활하게 진행하기 위하여 지출한 금액을 말한다. 기업업무추진비 여부는 계정과목에 상관없이 실질에 따라 판단한다. 그리고 기업업무추진비는 사업과 관련된 지출이라는 점에서 사업과 무관한 기부금과 다르며, 특정인에 대한 지출이라는 점에서 불특정다수를 대상으로 하는 광고선전비와 다르다.

8-1 기업업무추진비 범위

가. 의제기업업무추진비

(1) 직원이 조직한 법인조합(단체)에 지출한 복리시설비

법인이 그 직원이 조직한 조합 또는 단체에 복리시설비를 지출한 경우 해당 조합이나 단체가 법인인 때에는 이를 기업업무추진비로 보며, 법인이 아닌 때에는 그 법인의 경리의 일부로 본다.

(2) 기업업무추진비에 관련된 매입세액

기업업무추진비 및 그 유사한 비용의 지출과 관련된 매입세액은 「부가가치세법」에 따른 매출세액에서 공제하지 않으며, 해당 매입세액은 기업업무추진비로 회계처리한다.

(차)	기업업무추진비	1,000	(대)	현 금(VAT 포함)	1,100(가정)
	매입VAT(기업업무추진비)	100			

(3) 현물접대에 해당하는 매출세액

거래처 등에 금전 이외의 현물을 제공하는 경우 부가가치세법에서는 이를 사업상 증여로 보아 부가가치세가 과세되는데, 이 경우에 법인이 부담한 매출세액은 사업상 증여의 성질에 따라 기업업무추진비 또는 기부금으로 처리한다. 기업업무추진비로 보는 사업상 증여에 따른 매출세액은 기업업무추진비로 회계처리하며, 현물제공금액은 시가, 매출세액은 시가의 10%로 계산한다.

(차)	기업업무추진비	A + 0.1P	(대)	제　품	A(원가)
				VAT예수금	0.1P(시가P의 10%)

세무조정 : 기업업무추진비를 1.1B(시가+매출부가가치세)로 보아 시부인계산한다.

나. 기업업무추진비로 보지 않는 경우

(1) 사적인 용도의 지출액

주주 또는 임·직원이 부담하여야 할 성질의 기업업무추진비를 법인이 지출한 것은 이를 기업업무추진비로 보지 아니한다. 임원이란 다음의 어느 하나에 해당하는 직무에 종사하는 자를 말한다.

- 회장, 사장, 부사장, 이사장, 대표이사, 전무이사, 상무이사 등 이사회 구성원과 청산인
- 합명회사, 합자회사 및 유한회사의 업무집행사원 또는 이사
- 유한책임회사의 업무집행자
- 감사
- 그 밖에 이에 준하는 직무에 종사하는 자

(2) 판매관련비용 및 광고선전물

법인이 판매장려금·판매수당 등 판매와 관련하여 지출하는 금액은 사전약정에 관계없이 기업업무추진비로 보지 아니한다. 법인이 광고선전 목적으로 견본품·달력·수첩·부채·컵 기타 이와 유사한 물품을 특정인에게 물품을 기증하는 경우에는 기업업무추진비로 본다. 다만, 특정인에게 지출하는 경우에도 특정인에게 기증한 물품의 연간구입비용의 합계액이 5만원 이내인 소액광고선전비(이때 개당 구입비용이 3만원 이하인 물품은 연간 5만원 한도 계산시 포함하지 아니한다)는 광고선전비로 보아 손금에 산입한다.

다. 기업업무추진비의 적격증거자료 요건

법인이 한 차례의 접대에 지출한 기업업무추진비 중 3만원(경조금 20만원)을 초과하는 기업업무추진비로서 다음에 해당하지 않는 것은 각 사업연도의 소득금액을 계산할 때 손금에 산입하지 않는다.

적격증거자료
▪ 신용카드, 직불카드, 외국에서 발행된 신용카드, 기명식선불카드·직불전자지급수단·기명식선불전자지급수단·기명식전자화폐·현금영수증을 사용하여 지출하는 기업업무추진비
▪ 계산서, 세금계산서, 매입자발행(또는 세금)계산서(또는 원천징수영수증)를 발행하여 지출하는 기업업무추진비

다만, 지출사실이 객관적으로 명백한 경우로서 기업업무추진비라는 증거자료를 구비하기 어려운 국외지역에서의 지출 및 농어민에 대한 지출 등은 제외한다. 또한 법인이 직접 생산한 제품 등으로 제공한 기업업무추진비 지출액도 적격증거자료를 갖출 수 없으므로 적격증거자료 요건에서 제외한다.

8-2 시부인계산 구조

가. 시부인계산 절차

▪ Step 1 : 증거자료 불비분 식별

기업업무추진비 처리 금액에서 기업업무추진비 지출액으로 보지 않는 금액(증거자료 미비 · 적격증거자료 미수취)을 제외하여 기업업무추진비 해당액을 계산한다. 기업업무추진비에 해당하지 않는 금액은 손금불산입하고 그 귀속에 따라 소득처분한다.

▪ Step 2 : 기업업무추진비 한도초과액 계산

기업업무추진비 해당액에서 기업업무추진비 한도초과액을 계산한다. 기업업무추진비 한도초과액은 손금불산입하고 기타사외유출로 소득처분한다.

나. 증거자료 미비 및 미수취 기업업무추진비

증거자료가 없어서 귀속이 불분명한 기업업무추진비는 손금불산입하고 대표자에게 귀속된 것으로 보아 대표자상여로 소득처분한다. 또한 한 차례의 기업업무추진비 지출액이 3만원(경조금 20만원) 초과금액으로서 적격증거자료가 없는 기업업무추진비는 손금에 산입하지 아니한다. 즉, 한 차례의 기업업무추진비 지출액이 3만원을 초과하는 기업업무추진비는 적격증거자료가 있는 경우에 한해 기업업무추진비로 보아 시부인대상이 되며, 한 차례의 지출액이 3만원 이하인 기업업무추진비는 적격증거자료를 수취하지 않더라도 기업업무추진비로는 인정되어 시부인대상이 된다.

구 분		법인세법 처리
한 차례 금액	증거자료 요건	
3만원(경조금 20만원) 초과	적격증거자료 요건 충족	기업업무추진비로 인정하고, 시부인계산에 포함
	기타의 경우	손금불산입(기타사외유출)하고, 시부인계산에서 제외
3만원(경조금 20만원) 이하	적격, 기타 자료 있는 경우	기업업무추진비로 인정하고, 시부인계산에 포함
금액과 무관	증거자료가 없는 경우	가공지출로 보아, 손금불산입(대표자상여)함

다. 기업업무추진비 한도초과액

법인이 각 사업연도에 지출한 기업업무추진비(적격증거자료 요건 미충족 금액 제외)로서 다음 ① 기본한도와 ② 수입금액(기업회계기준에 따른 매출액)별 한도의 합계액을 초과하는 금액은 해당 사업연도의 소득금액을 계산할 때 손금에 산입하지 않는다. 단, 부동산임대업을 주된 사업으로 하는 법인의 경우에는 그 합계액(기본한도와 수입금액별 한도)의 50%를 초과하는 금액은 해당 사업연도의 소득금액을 계산할 때 손금에 산입하지 않는다.

(1) 기본한도

$$\text{기본한도} = 12{,}000{,}000\text{원}(\text{중소기업 } 36{,}000{,}000\text{원}) \times \frac{\text{해당 사업연도의 개월 수}}{12}$$

(2) 수입금액별 한도

수입금액 구분	수입금액(매출액)	비 율
일반수입	100억원 이하	0.3%
	100억원 초과~500억원 이하	3천만원+(수입금액−100억원)×0.2%
	500억원 초과	1억1천만원+(수입금액−500억원)×0.03%
특수관계인 거래분	(총수입금액×구간별 적용률−일반수입금액×구간별 적용률)×10%	

라. 문화기업업무추진비의 특례

내국법인이 2028년 12월 31일 이전에 문화비로 지출한 기업업무추진비(문화기업업무추진비)에 대해서는 내국법인의 기업업무추진비 한도액(기본한도와 수입금액별 한도의 합계)에도 불구하고 해당 사업연도의 소득금액을 계산할 때 기업업무추진비 한도액의 20%에 상당하는 금액의 범위에서 손금에 산입한다.

문화기업업무추진비 추가 손금산입액 =
Min〔문화기업업무추진비, 기업업무추진비 한도액(기본, 수입금액 한도)×20%〕

마. 전통시장에서 지출한 기업업무추진비

내국법인이 2028년 12월 31일 이전에 「전통시장 및 상점가 육성을 위한 특별법」에 따른 전통시장에서 지출하거나 「지역사랑상품권 이용 활성화에 관한 법률」 제2조 제1호에 따른 지역사랑상품권으로 지출한 기업업무추진비로서 “신용카드 및 지역사랑상품권과 비소비성

서비스업 요건"(「조세특례제한법」 136 ⑥ 참조)을 갖춘 기업업무추진비는 해당 사업연도의 소득금액을 계산할 때 내국법인의 기업업무추진비 한도액의 20%에 상당하는 금액의 범위에서 손금에 산입한다.

> 전통시장 지출 기업업무추진비 추가 손금산입액 =
> Min〔전통시장 및 지역사랑상품권 지출 기업업무추진비, 기업업무추진비 한도액(기본, 수입금액 한도)×20%〕

바. 기업업무추진비 한도초과액

기업업무추진비 한도초과액이란 기본한도와 수입금액한도의 합계액을 초과하는 기업업무추진비를 말하며, 해당 기업업무추진비 한도초과액은 손금불산입하고 기타사외유출로 처분한다.

> 기업업무추진비 한도초과액 = 기업업무추진비 해당액 − 기업업무추진비 한도 > 0

8-3 현물기업업무추진비의 가액

기업업무추진비를 금전 외의 자산으로 지출한 경우 해당 자산의 가액은 이를 지출한 때의 장부가액과 시가 중 큰 금액으로 한다. 이 경우 금전 외의 자산 제공은 「부가가치세법」의 사업상 증여에 해당하므로 현물가액(시가)과 동 매출부가가치세(시가의 10%)를 기업업무추진비로 본다. 따라서 현물접대의 경우 기업업무추진비 해당액은 시가의 110%가 된다.

예를 들어, 회사 제품(장부가액 1,000, 시가 1,500)을 거래처에 제공한 경우의 회계처리를 살펴보자. 이 경우 현물기업업무추진비의 가액은 Max(장부가액, 시가)이므로 시가와 장부가액의 차액 500을 익금(제품평가이익)과 손금(기업업무추진비)에 산입하고 기업업무추진비를 1,650으로 본다. 익금과 손금 산입액은 상쇄됨으로써 소득에 미치는 영향이 없기 때문에 세무조정이 필요 없지만, 기업업무추진비 해당액을 1,650으로 보고 시부인계산을 하여야 한다.

(차)	기업업무추진비	1,150	(대)	제 품	1,000(장부가액)
				부가가치세예수금	150

* 세무조정 : 익금산입 500(기타), 손금산입 500(기타), 기업업무추진비를 1,650으로 봄.

8-4 기업업무추진비의 손금귀속시기

기업업무추진비는 접대가 행해진 사업연도의 손금에 산입한다. 따라서 기업업무추진비를 지출한 사업연도의 손비로 처리하지 아니하고 이연처리한 경우에는 이를 지출한 사업연도의 기업업무추진비로서 시부인계산하고 그 이후의 사업연도에는 이를 기업업무추진비로 보지 아니한다.

8-5 자산계상한 기업업무추진비의 처리

기업업무추진비는 비용으로 회계처리하는 것이 일반적이다. 그러나 지출내용에 따라서는 자산으로 계상하는 경우도 있다. 기업업무추진비를 자산으로 계상한 경우에도 시부인계산의 대상이 되는데, 기업업무추진비 한도의 개념이 비용으로 계상할 수 있는 한도를 의미하는 것이 아니라 당기에 사용할 수 있는 한도를 의미하기 때문이다. 따라서 건설중인 자산 등으로 자산 계상된 기업업무추진비를 포함하여 시부인계산한다.

가. 한도초과액이 당기 손비로 계상한 기업업무추진비보다 적은 경우

기업업무추진비 한도초과액 전액을 손비로 계상한 기업업무추진비에서 발생한 것으로 보고 손금에 산입하지 않는다.

나. 한도초과액이 당기 손비로 계상한 기업업무추진비보다 큰 경우

먼저 당기에 손비로 계상한 기업업무추진비는 전액 손금불산입하고 그 차액은 자산에서 감액하여 처리한다.

(1) 자산 계상한 기업업무추진비의 손금부인 순서

자산 계상한 기업업무추진비를 감액처리함에 있어서 수개의 자산계정에 기업업무추진비가 계상된 경우 다음의 순서로 감액한다.

- 1순위 : 건설중인 자산
- 2순위 : 유형자산

[그림] 기업업무추진비의 시부인 순서

비용 계상액		←1순위
자산 계상액	건설중인 자산	←2순위
	유형자산	←3순위

(2) 자산 계상한 기업업무추진비의 손금부인방법

① 비용 계상한 기업업무추진비와 자산 계상한 기업업무추진비 합계액에 대해 시부인계산하고 한도초과액을 계산한다.

② 한도초과액을 다음의 순서에 따라 순차적으로 배분한다.

> ▪ 비용 계상분 → ▪ 건설중인 자산 계상분 → ▪ 유형자산 계상분

③ 자산 감액분을 손금산입(△유보)하고, 이 금액(기업업무추진비 한도초과)을 손금불산입(기타사외유출)한다.

④ 자산 감액분(손금산입, △유보)은 해당 자산을 감가상각하거나 또는 처분할 경우에 손금불산입(유보)한다. 자산 감액분의 감가상각비는 다음과 같이 계산한다.

$$\text{자산 감액분에 대한 감가상각비(손금불산입)} = \text{감가상각비} \times \frac{\triangle\text{유보금액}}{\text{재무상태표의 자산가액}}$$

9. 과다경비의 손금불산입

경비 중 인건비, 복리후생비, 여비 및 교육·훈련비, 공동경비 등이 과다하거나 부당하다고 인정되는 금액은 손금에 산입하지 않는다. 구체적으로 손금불산입하는 경비를 요약하면 다음과 같다.

구 분	손금불산입 과다경비
인건비	▪ 이익처분에 의한 경우(노무출자사원의 보수 포함) ▪ 급여지급기준을 초과하는 임원상여금 ▪ 지배주주인 임원 · 직원에게 과다지급한 보수 ▪ 부당행위계산의 부인에 해당하는 비상근임원의 보수 ▪ 임원퇴직급여 한도초과액
복리후생비	▪ 세법이 정하지 아니한 복리후생비
여비 및 교육훈련비	▪ 임원 · 직원이 아닌 지배주주에게 지급한 여비 및 교육훈련비
공동경비	▪ 세법이 정한 분담기준을 초과하는 금액

9-1 인건비

인건비란 근로의 대가로 지급되는 경비로서 봉급 · 급료 · 보수 · 임금 · 상여 · 수당, 퇴직금 및 기타 유사한 성격의 모든 급여를 말한다. 임원 또는 직원의 인건비는 「법인세법」에 정한 경우를 제외하고는 손금에 산입한다. 「법인세법」에 정한 경우란 잉여금 처분에 의해 지급하는 경우와 과다 또는 부당하다고 인정되는 경우를 말한다.

가. 잉여금(또는 이익)처분에 의한 경우

자본거래에 해당하는 잉여금의 처분을 손비로 처리한 경우에는 손금불산입항목으로 보기 때문에 법인이 그 임원 또는 직원에게 이익처분에 의해 지급하는 상여금은 손금에 산입하지 않는다. 이 경우 합명회사 또는 합자회사의 노무출자사원에게 지급하는 보수는 이익처분에 의한 상여로 본다.

나. 급여지급기준을 초과하는 임원상여금

법인이 임원에게 지급하는 상여금 중 정관 · 주주총회 · 사원총회 또는 이사회의 결의에 의하여 결정된 급여지급기준을 초과하여 지급한 경우 그 초과금액은 과다경비로 보아 손금에 산입하지 않고, 급여지급기준이 없으면 전액 손금불산입한다.

다. 지배주주인 임원 · 직원에게 과다지급한 보수

법인이 지배주주(특수관계에 있는 자 포함)인 임원 또는 직원에게 정당한 사유 없이 동일직위에 있는 지배주주 등 외의 임원 또는 직원에게 지급하는 금액보다 초과하여 지급한 초과보수 금액은 손금에 산입하지 않는다.

지배주주란 법인의 발행주식총수의 1% 이상의 주식을 소유한 주주로서 그와 특수관계에 있는 자와의 소유 주식의 합계가 법인의 주주 중 가장 많은 경우의 주주를 말한다.

라. 부당행위계산의 부인에 해당하는 비상근임원의 보수

상근이 아닌 법인의 임원에게 지급하는 보수는 부당행위계산의 부인에 해당하는 경우를 제외하고 손금에 산입한다. 부당행위계산의 부인에 해당하는 경우란 비상근임원에게 지급한 보수가 제공받은 근로의 양 또는 질에 비하여 과다한 경우와 같이 조세의 부담을 부당히 감소시킨 것으로 인정되는 경우를 말한다.

마. 퇴직급여

임원・직원에게 지급하는 퇴직급여는 손금에 산입한다. 그러나 현실적 퇴직이 아닌 경우에 지급하는 퇴직급여와 법정기준을 초과하는 임원퇴직급여는 손금에 산입하지 않는다.

(1) 규정이 있는 경우의 임원퇴직급여

정관 또는 정관에서 위임된 퇴직급여규정에서 퇴직급여(퇴직위로금 포함)로 지급할 금액이 정해진 경우에는 그 정해진 금액(정관에 퇴직급여 계산기준이 기재된 경우 포함)은 손비로 인정하지만, 그 기준을 초과하여 지급한 퇴직급여는 손금에 산입하지 않는다. 또한 임원퇴직급여 지급액을 주주총회 또는 이사회의 결의로 정한 경우 지급기준이 없는 것으로 본다.

(2) 정관에 규정이 없는 경우의 임원퇴직급여

정관으로 정해진 금액이 없는 경우에는 다음의 금액을 한도로 한다. 임원의 퇴직급여 한도 초과액은 과다상여금으로 보아 손금불산입(상여)하고 임원에게 근로소득으로 과세한다.

$$\text{임원퇴직급여 한도} = \text{퇴직 전 1년간 총급여액} \times \frac{1}{10} \times \text{근속연수}$$

9-2 복리후생비

복리후생비란 임원 또는 직원의 복리후생을 위해 지출한 금액을 말하며, 세법에 규정한 지출에 한해 손금에 산입한다. 세법에 규정한 복리후생비 외의 복리후생 지출은 과다경비로서 손금에 산입하지 않는다. 손금산입이 허용되는 복리후생비는 다음과 같다.

- 직장체육비・직장문화비・우리사주조합 운영비
- 「국민건강보험법」 등에 따라 사용자로서 부담하는 보험료 및 부담금
- 「영유아보육법」에 의하여 설치된 직장어린이집의 운영비
- 「고용보험법」에 의해 사용자로서 부담하는 보험료
- 임원 또는 직원에게 사회통념상 타당하다고 인정되는 범위 안에서 지급하는 경조사비
- 기타 이와 유사한 비용

9-3 여비 및 교육훈련비

법인이 임원 또는 직원에게 지출한 여비 및 교육훈련비는 손금에 산입한다. 그러나 임원 또는 직원이 아닌 지배주주에게 지출한 여비 또는 교육훈련비는 해당 사업연도의 소득금액 계산에 있어서 손금에 산입하지 않는다.

9-4 공동경비

법인이 제3자와 공동사업체를 영위하는 경우가 있다. 이 경우 법인이 해당 법인 외의 자와 동일한 조직, 자산 또는 사업을 공동으로 운영・영위하거나 공동소유자산의 공동운영에 따라 발생되거나 지출된 공동경비 중 법정기준에 의한 분담금액을 초과하는 금액은 해당 법인의 소득금액을 계산할 때 손금에 산입하지 않는다. 공동경비는 다음의 기준에 의하여 분담한다.

구 분	법정분담기준	
출자에 의해 공동으로 사업을 영위하는 경우	출자총액 중 해당 법인이 출자한 금액의 비율	
비출자 공동사업자가 지출하는 비용	① 비출자공동사업자 간 특수관계 있는 경우	직전사업연도 또는 해당 사업연도의 매출액 총액과 총자산가액(한 공동사업자가 다른 공동사업자의 지분을 보유하고 있는 경우 그 주식의 장부가액은 제외함) 중 법인이 선택한 금액(선택하지 않은 경우 직전사업연도의 매출액 총액을 선택한 것으로 보며, 선택한 사업연도부터 연속 5개 사업연도 동안 적용)에서 해당 법인의 매출액이 차지하는 비율*
	② 비출자공동사업자 간 특수관계가 없는 경우	비출자공동사업자 사이의 약정에 따른 분담비율. 단, 약정에 따른 분담비율이 없는 경우 위 ①의 비율에 따름.

* 비출자공동사업자 전부 또는 일부가 직전사업연도 매출액이 없는 경우에는 해당 사업연도의 매출액 총액 또는 총자산가액 총액 중 해당 법인이 선택해야 하며, 선택하지 않으면 해당 사업연도의 매출액 총액을 선택한 것으로 본다.

다만, 다음의 손비에 대하여는 다음의 기준을 따를 수 있다.

① 공동행사비 등 참석인원의 수에 비례하여 지출되는 손비 : 참석인원비율

② 공동구매비 등 구매금액에 비례하여 지출되는 손비 : 구매금액비율

③ 국외 공동광고선전비 : 수출금액

④ 국내 공동광고선전비 : 기업회계기준에 따른 매출액 중 국내의 매출액

⑤ 공동연구개발비 : 기업회계기준에 따른 매출액 중 공동연구개발과 관련된 사업에서 발생한 매출액
⑥ 유형자산(토지 및 건축물은 제외)의 공동사용료
가. 고정비 : 해당 유형자산의 소유지분
나. 고정비 외의 비용 : 해당 유형자산의 사용비율
⑦ 무형자산의 공동사용료 : 해당 사업연도 개시일의 기업회계기준에 따른 자본의 총합계액

10. 업무와 관련없는 비용의 손금불산입

법인이 지출한 비용 중 해당 법인의 업무와 직접 관련이 없다고 인정되는 지출은 각 사업연도의 소득금액을 계산할 때 손금에 산입하지 않는다. 업무와 직접 관련이 없는 비용은 사업관련성 또는 수익관련성의 손금요건을 충족하지 못하기 때문에 손금에 산입하지 않는 것이다. 구체적으로 업무와 직접 관련이 없다고 인정되는 지출은 다음과 같다.

- 업무무관자산(부동산 및 동산)을 취득 또는 관리함으로써 생기는 비용
- 해당 법인의 업무와 직접 관련이 없다고 인정되는 지출금액

10-1 업무무관비용의 범위

업무와 관련이 없는 비용은 2가지 유형으로 구분된다. 하나는 해당 법인의 업무와 관련이 없는 자산(업무무관자산)을 취득·관리함으로써 생기는 비용이며, 다른 하나는 해당 법인의 업무와 관련이 없는 지출금액(업무무관비용)이다. 업무무관비용의 범위는 다음과 같다.

구 분		손금불산입
자산	비업무용 부동산	취득에 따른 비용과 보유에 따른 유지·관리비
	비업무용 동산	
비용	업무무관비용	타인사용재산과 출자임원사용사택 유지·관리비, 업무무관자산 취득자금 차입 관련 비용, 뇌물

가. 업무무관자산의 취득·관리비

업무무관자산이란 비업무용 부동산과 비업무용 동산을 말하며, 그 내용은 다음과 같다.

(1) 비업무용 부동산

비업무용 부동산이란 다음의 하나에 해당하는 것을 말한다.

비업무용 부동산의 범위	비 고
법인의 업무에 직접 사용하지 않는 부동산	유예기간 경과 전까지의 부동산 제외
유예기간 중에 법인의 업무에 직접 사용하지 않고 양도하는 부동산	부동산매매업이 주업인 법인 제외
* 유예기간 : 건축물·시설물 신축용 토지·매매용 부동산(취득일부터 5년), 그 외 부동산(2년)	

(2) 비업무용 동산

비업무용 동산이란 다음의 하나에 해당하는 동산을 말한다.

비업무용 동산의 범위
▪ 서화 및 골동품 ▪ 업무에 직접 사용하지 아니하는 자동차·선박 및 항공기 ▪ 기타 법인의 업무에 직접 사용하지 않는 자산

(3) 취득·관리비

업무무관자산의 취득·관리비란 업무무관자산을 취득·관리함으로써 생기는 비용, 유지비, 수선비 및 이와 관련되는 비용을 말한다. 취득에 의해 생기는 비용을 손금불산입하는 것은 취득가액에 포함시켜야 하는 지출을 비용으로 처리한 경우를 말한다.

구 분	항 목
취득에 따른 비용	취득세·등록면허세·등기비·중개수수료·건설자금이자 등
관리·유지 수선비	▪ 재산세, 종합부동산세, 공동시설세·도시계획세·자동차세, 공과금 ▪ 관리인의 인건비, 수도광열비, 보험료, 수선비, 감가상각비 ▪ 비업무용 자산 관련 부가가치세 매입세액
	취득자금의 차입 관련 비용(비업무용 자산의 보유에 따른 차입금이자 제외)

나. 업무무관비용

업무무관자산의 취득·관리비 외에 해당 법인의 업무와 직접 관련이 없다고 인정되는 지출금액은 손금에 산입하지 아니한다. 이 규정은 업무무관자산의 취득 자체를 부인하는 것은 아니며, 업무무관자산을 취득·관리함으로써 발생하는 비용을 부인하기 위한 것이다. 따라서 업무무관자산의 취득가액은 처분 시 손금으로 공제한다. 업무무관비용의 구체적인 내용은 다음과 같다.

(1) 타인이 주로 사용하는 장소 등의 유지비

법인이 직접 사용하지 않고 다른 사람(주주 아닌 임원과 소액주주인 임원·직원 제외)이 주로 사용하고 있는 장소·건축물·물건의 유지비·관리비·사용료와 이와 관련된 지출금은 손금에 산입하지 않는다. 다만, 「대·중소기업 상생협력 촉진에 관한 법률」에 따른 사업을 법인이 중소기업(제조업을 영위하는 자에 한함)에게 이양하기 위하여 무상으로 당해 중소기업에게 대여하는 생산설비와 관련된 지출금 등을 제외한다.

(2) 출자임원 등이 사용하는 사택의 유지비 등

법인의 주주(소액주주 제외)인 임원 또는 그 친족이 사용하고 있는 사택의 유지비·관리비·사용료와 이와 관련되는 지출금은 손금에 산입하지 않는다.

구 분	유지관리비	부당행위계산 부인
출자임원과 그 친족에게 제공한 사택	업무무관비용 (손금불산입)	본 규정 적용 (적정임대료 계산)
그 밖의 사람에게 제공한 사택	손금산입	본 규정 미적용

(3) 업무무관자산의 취득자금의 차입과 관련한 비용

업무무관자산을 취득하기 위하여 지출한 자금의 차입과 관련되는 비용은 손금에 산입하지 않는다. 여기에 해당하는 지출에는 업무무관자산의 취득을 위하여 지출하는 자금의 차입과 관련하여 발생하는 인지세, 서류작성비용, 담보권설정비용, 알선수수료 및 지급보증료 등이 해당된다. 한편, 비업무용 자산에 대해 발생한 차입금이자는 포함하지 않는데, 이는 지급이자 손금불산입 규정에 의하여 손금불산입하기 때문이다.

(4) 뇌 물

법인이 공여한 「형법」 또는 「국제상거래에 있어서 외국공무원에 대한 뇌물방지법」의 뇌물에 해당하는 금전 및 금전 외의 자산과 경제적 이익의 합계액은 손금에 산입하지 않는다.

(5) 노동조합의 전임자 급여

「노동조합 및 노동관계조정법」을 위반하여 지급한 급여는 손금에 산입하지 않는다. 이 법에 따르면 노동조합의 업무에만 종사하는 자는 그 전임기간 동안 사용자로부터 어떠한 급여도 지급받아서는 안되며, 노동조합은 「노동조합 및 노동관계조정법」을 위반하는 급여 지급을 요구하거나 이를 관철할 목적으로 쟁의행위를 하여서는 안되기 때문이다.

(6) 구상채권 등의 처분손실

다음의 어느 하나에 해당하는 채권의 처분손실은 손금에 산입하지 않는다.

- 채무보증(「독점규제 및 공정거래에 관한 법률」에 따른 보증 제외)으로 발생한 구상채권
- 특수관계인에 대한 업무무관가지급금

10-2 비업무용 부동산의 소급적용에 따른 세액 재계산

법인이 취득한 부동산을 계속하여 업무에 사용하지 않고 양도하거나, 유예기간 중 법인의 업무에 직접 사용하지 않고 양도하는 경우 취득일부터 소급하여 비업무용 부동산으로 본다.

이 경우에는 취득일부터 비업무용 부동산이 되므로 업무와 관련없는 비용의 손금불산입과 비업무용 부동산에 대한 지급이자 손금불산입 규정이 취득일부터 소급적용된다.

따라서 비업무용 부동산을 양도한 날이 속하는 사업연도 이전에 종료한 각 사업연도(종전사업연도)에 대해 비업무용 부동산에 대한 업무와 관련없는 비용과 지급이자를 손금에 산입하지 않은 경우의 법인세를 재계산하여 증가된 법인세를 양도한 날이 속하는 법인세에 가산하여 납부하여야 한다.

가. 결정세액 재계산방법

결정세액 재계산방법은 법인세 경정의 경우와 같이 종전사업연도의 각 사업연도소득 및 과세표준을 다시 계산함에 따라 산출되는 결정세액에서 종전사업연도의 결정세액을 차감하는 방법으로 추가 납부할 세액(가산세 제외)을 계산하는 방법이다. 이 방법은 법인소득금액에 별도의 세무조정을 하기 때문에 해당 세무조정이 차기 이후의 소득에 계속 영향을 미친다.

나. 산출세액 재계산방법

산출세액 재계산방법은 종전사업연도의 과세표준에 손금불산입하는 업무와 관련없는 비용 및 손금불산입하는 지급이자를 가산한 금액에 법인세율을 적용하여 산출한 세액에서 종전사업연도의 산출세액을 차감하여 추가하여 납부할 세액(가산세 제외)을 계산하는 방법이다.

이 방법은 별도의 세무조정을 수행하지 않고 단순히 추가하여 납부할 세액만을 재계산하는 방법이기 때문에 차기 이후의 소득에 영향을 미치지 않는다.

- 취득일 이후 종전사업연도의 법인세 재계산에 따라 증가된 법인세
  = 비업무용 부동산에 대해 업무 관련없는 비용과 지급이자 손금불산입으로 증가된 법인세

- 추가 납부할 세액(가산세 제외)
  = 합산 과세표준에 의한 산출세액 − 종전사업연도의 산출세액

11. 업무용승용차 관련 비용의 손금불산입

법인의 업무용승용차에 대한 감가상각비와 리스료는 업무와 관련된 비용으로서 손금에 산입하지만, 이를 업무 외의 사적(私的)인 용도로 사용하는 경우에는 업무와 관련이 없는 비용으로서 손금에 산입할 수 없다. 이러한 구분을 명확하게 하기 위해 법인의 업무용승용차 관련 비용에 대한 손금불산입 특례를 마련하였다.

11-1 업무용승용차 관련 비용의 손금불산입 특례

가. 업무용승용차의 범위

업무용승용차란 개별소비세 과세대상인 승용자동차를 말하며, 운수업·자동차판매업 등에서 사업에 직접 사용하는 다음의 어느 하나에 해당하는 승용자동차는 제외한다.

- 「부가가치세법」상 매입세액 공제대상인 업종〔운수업, 자동차 판매업, 자동차 임대업, 운전학원업, 기계경비업(출동차량에 한정함)〕 또는 시설대여업에서 사업상 수익을 얻기 위해 직접 사용하는 승용자동차
- 장례식장 및 장의 관련 서비스업을 영위하는 법인이 소유하거나 임차한 운구용 승용차
- 국토교통부장관의 임시운행허가를 받은 자율주행자동차

나. 손금불산입 기준

법인이 업무용승용차를 취득하거나 임차함에 따라 해당 사업연도에 발생하는 감가상각비, 임차료, 유류비 등 업무용승용차 관련 비용 중 업무용 사용금액에 해당하지 않는 금액은 해당

사업연도의 소득금액을 계산할 때 손금에 산입하지 않는다.

(1) 업무용승용차 관련 비용

업무용승용차 관련 비용이란 업무용승용차에 대한 감가상각비, 임차료, 유류비, 보험료, 수선비, 자동차세, 통행료 및 금융리스부채에 대한 이자비용 등 업무용승용차의 취득・유지를 위하여 지출한 비용을 말한다. 이 경우 업무용승용차에 대한 감가상각비는 정액법을 상각방법으로 하고 내용연수를 5년으로 하여 계산한 금액을 감가상각비로 하여 손금에 산입한다(강제상각). 임의상각제도로 할 경우 감가상각계상액을 조절하여 운행일지 작성의무를 회피할 수 있기 때문이다.

(2) 업무사용금액

업무용승용차 관련 비용 중 업무사용금액에 해당하지 아니하는 금액은 손금에 산입하지 않는다. 업무사용금액이란 다음의 구분에 따른 금액을 말한다.

구 분	업무사용금액
▪ 업무전용자동차보험에 가입한 경우	업무용승용차 관련 비용 × 업무사용비율
▪ 업무전용자동차보험에 가입하지 않은 경우	전액 손금불인정
▪ 법인업무용 자동차번호판을 부착하여야 하는 업무용승용차가 해당 자동차번호판을 부착하지 않은 경우	

(3) 업무사용비율

업무사용비율이란 국세청장이 정한 방법에 따른 운행기록에 따라 확인되는 총 주행거리 중 업무용 사용거리가 차지하는 비율로 한다. 법인은 업무용승용차별로 운행기록을 작성・비치하여야 하며, 운행기록을 작성・비치하지 않은 경우 업무용승용차의 업무사용비율은 다음과 같이 계산한다.

업무용승용차 관련 비용	업무사용비율
1,500만원 이하	100%
1,500만원 초과	$\frac{1,500만원}{업무용승용차\ 관련\ 비용}$

＊부동산임대업을 주된 사업으로 하는 등 기업업무추진비 한도의 50%를 적용하는 내국법인은 1,500만원을 500만원으로 함.

(4) 감가상각비 한도초과액

업무사용금액 중 다음의 각 비용이 해당 사업연도에 800만원〔사업연도가 1년 미만이거나 일부 기간 보유・임차한 경우 800만원에 해당 사업연도(보유・임차기간)의 월수를 곱하고 이를 12로 나누어 산출한 금액〕을 초과하는 경우 그 초과하는 금액(감가상각비 한도초과액)은 해당 사업연도의 손금에 산입하지 않고 이월하여 손금에 산입한다.

- 업무용승용차별 감가상각비
- 업무용승용차별 임차료 중 감가상각비 상당액

감가상각비 한도초과액은 다음과 같이 계산한다.

- 업무용승용차별 감가상각비 × 업무사용비율 − 800만원*
- 업무용승용차별 임차료 중 감가상각비 상당액 × 업무사용비율 − 800만원*

* 부동산임대업을 주업으로 하는 등 기업업무추진비 한도의 50%를 적용하는 내국법인은 800만원을 400만원으로 함.

(5) 업무용승용차별 임차료 중 감가상각비 상당액

업무용승용차별 임차료 중 감가상각비 상당액이란 임차료 중 보험료와 자동차세를 제외한 금액으로서 다음의 금액을 말한다.

구 분	업무사용금액
시설대여업자로부터 임차한 승용차	임차료에서 해당 임차료에 포함된 보험료, 자동차세, 수선유지비를 차감한 금액. 다만, 수선유지비의 별도 구분이 어려운 경우 임차료(보험료, 자동차세를 차감한 금액)의 7%를 수선유지비로 할 수 있음
시설대여업자 외의 자동차대여사업자로부터 임차한 승용차	임차료의 70%에 해당하는 금액

11-2 이월 손금산입방법

가. 감가상각비 한도초과액

감가상각비 한도초과액은 다음과 같이 구분하여 산정된 금액을 한도로 이월하여 손금에 산입한다.

구 분	한도초과액의 이월 손금산입방법
업무용승용차별 감가상각비 이월액	해당 사업연도의 다음 사업연도부터 해당 업무용승용차의 업무사용금액 중 감가상각비가 800만원*에 미달하는 경우 그 미달하는 금액을 한도로 손금 추인
업무용승용차별 임차료 중 감가상각비상당액 이월액	해당 사업연도의 다음 사업연도부터 해당 업무용승용차의 업무사용금액 중 감가상각비 상당액이 800만원*에 미달하는 경우 그 미달하는 금액을 한도로 손금산입
* 부동산임대업을 주업으로 하는 등 기업업무추진비 한도의 50%를 적용하는 내국법인은 800만원을 400만원으로 함.	

나. 업무용승용차 처분손실

업무용승용차를 처분하여 발생하는 손실로서 업무용승용차별로 800만원(해당 사업연도가 1년 미만인 경우 800만원에 해당 사업연도의 월수를 곱하고 이를 12로 나누어 산출한 금액)을 초과하는 금액은 해당 사업연도의 다음 사업연도부터 800만원을 균등하게 손금에 산입하되, 남은 금액이 800만원 미만인 사업연도에는 남은 금액을 모두 손금에 산입한다.

구 분	손금산입 방법
원 칙	800만원씩 균등 손금산입
남은 금액이 800만원 미만인 사업연도	남은 금액 전액 손금산입

12. 지급이자의 손금불산입

차입금이자는 사업과 관련된 통상적인 지출로서 순자산의 감소를 초래하므로 손금에 산입한다. 그러나 조세회피 방지, 비생산적 자산의 취득 및 규제 등 조세정책목표를 위해 지급이자 손금불산입 규정을 두고 있다. 손금불산입하는 지급이자는 다음과 같다.

- 채권자가 불분명한 사채이자
- 지급받는 자가 불분명한 채권·증권의 이자와 할인액
- 건설자금이자
- 업무무관자산 등에 대한 지급이자

12-1 채권자가 불분명한 사채이자

법인이 지급한 채권자가 불분명한 사채이자는 각 사업연도의 소득금액을 계산할 때 손금에 산입하지 않는다. 이 규정은 이자가 실제로 지급되었지만 채권자를 노출시킬 수 없는 사채, 실제로 이자가 지급되지 않는 가공사채에 대한 이자를 규제하여 지하자금의 양성화를 위한 것이다.

가. 채권자가 불분명한 차입금

채권자가 불분명한 사채이자란 다음의 하나에 해당하는 차입금의 이자를 말한다. 다만, 거래일 현재 주민등록표에 의하여 그 거주사실 등이 확인된 채권자가 차입금을 변제받은 후 소재불명이 된 경우의 차입금에 대한 이자를 제외한다.

- 채권자의 주소·성명을 확인할 수 없는 차입금
- 채권자의 능력 및 자산상태로 보아 금전을 대여한 것으로 인정할 수 없는 차입금
- 채권자와의 금전거래사실 및 거래내용이 불분명한 차입금

나. 사채이자의 범위

사채이자에는 이자비용 외에 알선수수료·사례금 명목 여하에 불구하고 사채를 차입하고 지급하는 금품이 포함된다.

다. 세무조정

채권자가 불분명한 차입금의 이자(원천징수세액 상당액 제외)는 손금불산입(대표자 상여)하고, 원천징수세액은 국가에 귀속된 것이므로 기타사외유출로 처분한다.

12-2 지급받는 자가 불분명한 채권·증권의 이자·할인액

채권·증권의 발행법인이 직접 지급하는 이자·할인액 또는 차익 중 그 지급받은 자가 불분명한 금액은 각 사업연도의 소득금액을 계산할 때 손금에 산입하지 않는다. 이는 금융실명제와 관련하여 채권·증권의 소지인이 비실명으로 이자를 지급받는 것을 규제하려는 것이지만 금융실명거래의 대상이 아닌 채권·증권의 발행법인에게도 적용된다.

가. 채권·증권의 범위

채권·증권이란 다음에 해당하는 것을 말한다.

- 국가나 지방자치단체가 발행한 채권 · 증권
- 내국법인이 발행한 채권 · 증권
- 외국법인의 국내지점 또는 국내영업소에서 발행한 채권 · 증권
- 금융회사가 환매기간에 따른 사전약정이율을 적용하는 환매수(매도)조건부 채권 · 증권

나. 이자 · 할인액

그 지급받은 자가 불분명한 채권 · 증권의 이자 · 할인액 또는 차익이란 채권 또는 증권의 이자 · 할인액 또는 차익을 당해 채권 또는 증권의 발행법인이 직접 지급하는 경우 그 지급 사실이 객관적으로 인정되지 아니하는 이자 · 할인액 또는 차익을 말한다.

다. 세무조정

지급받는 자가 불분명한 채권 · 증권의 이자와 할인액 또는 차익에 대한 처리는 채권자가 불분명한 사채이자의 경우와 같지만, 원천징수세율과 과세방법에서 차이가 있다.

비실명 채권 · 증권의 이자 · 할인액 또는 차익	원천세율
▪ 금융회사가 이자 등을 지급하거나 금융회사와 기타 금융거래를 하는 경우	90%*
▪ 금융실명거래의 대상이 아닌 발행법인이 직접 이자 등을 지급하는 경우	45%

* 특정채권(금융실명법 3 ② 3호 참조)은 15%를 적용하며, 분리과세함.

12-3 건설자금이자

건설자금이자란 명목 여하에 불구하고 사업용 유형자산 및 무형자산의 매입 · 제작 · 건설(건설 등)에 소요되는 차입금에 대한 지급이자 또는 이와 유사한 성질의 지출금을 말한다.

건설자금이자는 준공된 날까지 이를 자본적 지출로 하여 그 자산의 취득원가에 가산하고, 각 사업연도의 소득금액을 계산할 때 손금에 산입하지 않는다. 따라서 건설자금이자는 감가상각과정이나 양도 또는 폐기하는 때 손금에 산입된다.

가. 건설자금이자의 범위

(1) 사업용 유 · 무형자산

건설자금이자는 사업용 유형자산 및 무형자산의 매입 · 제작 · 건설에 소요되는 차입금(자산의 건설 등에 소요된지의 여부가 분명하지 아니한 차입금은 제외한다)의 이자 및 기타 유사한 성질의 지출에 대하여 계산한다. 따라서 재고자산, 투자자산, 매매용 부동산은 건설자금이자를 계산하지 않는데, 여기에 회계기준과 차이가 있다.

(2) 건설자금이자 계산기간

건설기간이란 차입금이 사업용 유형자산 및 무형자산의 건설 등에 실제로 지출된 날부터 준공된 날까지의 기간을 말한다. 건설기간 이전 또는 이후에 발생한 차입금에 대한 이자는 각 사업연도의 손금에 산입한다. 준공된 날이란 당해 건설 등의 목적물이 전부 준공된 날로 하며, 다음과 같다. 즉, 건설기간과 금융비용 발생기간이 중복되는 기간만이 건설자금이자의 계산대상 기간이 된다.

구 분	준공된 날
토지 매입	대금청산일과 그 사업에 사용하기 시작한 날 중 빠른 날
건축물	취득일과 실제로 사용하기 시작한 날(사용개시일) 중 빠른 날
기타 유형 · 무형자산	사용개시일

(3) 건설자금에 충당한 차입금

건설자금에 충당한 차입금이란 사업용 고정자산의 건설 등에 소요되었음이 분명한 차입금(특정차입금)을 말하며, 건설 등에 소요되었는지의 여부가 분명하지 아니한 차입금은 건설자금이자 계산대상 차입금에서 제외한다.

(4) 건설자금이자

건설자금이자란 준공일까지 발생한 지급이자 또는 이와 유사한 성질의 지출금(지급보증료, 지급수수료 등)을 말한다.

나. 일반차입금이자에 대한 특례

건설자금에 충당한 차입금의 이자에서 특정차입금이자를 뺀 금액으로서 일반차입금이자에 상당하는 금액은 내국법인의 각 사업연도의 소득금액을 계산할 때 이를 손금에 산입하지 아니할 수 있다. 이는 한국채택국제회계기준(K-IFRS)에서 특정차입금이자와 일반차입금이자에 대해 자본화를 강제함에 따라 상장법인에게 일반차입금이자에 대해 자산처리 또는 비용처리를 선택할 수 있도록 함으로써 세무조정의 부담을 완화하기 위한 것이다.

자본화하는 경우 일반차입금이자에 상당하는 금액이란 다음과 같이 계산한 금액을 말한다. 이는 실제 발생한 일반차입금이자〔Ⓐ〕의 범위에서 일반차입금이자〔Ⓑ = 일반차입금 ㉮ × 자본화이자율㉯〕를 자본화한다는 의미이다.

일반차입금이자에 상당하는 금액 = Min〔Ⓐ, Ⓑ〕

Ⓐ = 해당 사업연도 중 건설 등에 소요된 기간에 실제로 발생한 일반차입금(해당 사업연도에 상환하거나 상환하지 아니한 차입금 중 특정차입금을 제외한 금액)의 지급이자의 합계

Ⓑ = ㉮(=일반차입금으로 지출한 건설비 상당액) × ㉯(=자본화이자율)

$$㉮ = \frac{\text{해당 건설 등에 대해 해당 사업연도에 지출한 금액의 적수}}{\text{해당 사업연도 일수}} - \frac{\text{해당 사업연도의 특정차입금의 적수}}{\text{해당 사업연도 일수}}$$

$$㉯ = \text{일반차입금에서 발생한 지급이자 등의 합계액} \div \frac{\text{해당 사업연도의 일반차입금의 적수}}{\text{해당 사업연도 일수}}$$

다. 세무조정

법인이 건설자금이자를 손금에 산입하거나 회계기준에 따라 취득원가에 산입한 경우라도 그 산입범위에 차이가 있으므로 세무조정이 필요하다. 구체적인 내용은 다음과 같다.

(1) 건설자금이자를 과다계상한 경우

건설자금이자를 세법상 금액보다 과다하게 계상한 경우에는 해당 사업용 유형자산 및 무형자산의 취득가액이 과다계상된다. 이 경우 과다계상액만큼 손금산입(△유보)하고, 이후에는 다음과 같이 처리한다.

〈감가상각하는 경우〉

해당 자산을 준공한 후 감가상각하는 경우에는 다음과 같은 순서로 세무조정한다.

① 자산이 과다계상되어 있으므로 감가상각비가 과다계상된다. 따라서 과다계상분에 대한 감가상각비를 손금불산입(유보)하여 △유보와 상쇄한 후 수정 후 △유보금액을 산출한다.

$$\text{과다계상분의 감가상각비} = \text{장부상 계상된 감가상각비} \times \frac{\text{과다계상분(△유보)}}{\text{해당 자산의 장부가액}}$$

② 감가상각비에 대해 시부인계산한다.

- 범위액 : 수정 후 △유보금액을 제외한 가액 × 상각률
- 계상액 : 장부상 계상된 감가상각비 − 과다계상분의 감가상각비

〈처분하는 경우〉

해당 자산을 처분하는 경우 과다계상한 금액으로 인한 과다손금(양도자산의 장부가액)을 손금불산입함으로써 서로 상쇄시킨다.

(2) 건설자금이자를 과소계상한 경우

이것은 지급이자를 세법상 금액보다 과다하게 손금(비용)에 계상하는 경우에 발생한다. 이 경우에는 자산의 유형에 따라 다음과 같이 세무조정한다.

〈비상각자산(토지)인 경우〉

과다계상한 지급이자를 손금불산입(유보)함으로써 해당 자산을 증액시키고, 향후 해당 자산을 양도할 경우에 손금산입하여 양도손익에 가감함으로써 소멸시킨다.

〈상각자산인 경우〉

해당 자산이 건설중인 경우와 건설이 완료된 경우를 서로 다르게 처리한다.

① 건설중인 경우
현재 건설중인 경우에는 감가상각을 할 수 없다. 따라서 건설자금이자 과소계상액을 손금불산입하고, 향후 해당 자산의 건설이 완료·사용하는 때에 이를 전기이월 상각부인액으로 보아 시인부족액의 범위 내에서 손금산입(추인)하거나 또는 양도시에 손금산입한다.

② 건설이 완료된 경우
과소계상한 건설자금이자 상당액을 감가상각한 것으로 보고(즉시상각의제), 감가상각비 계상액과 합산·시부인하며, 한도초과액은 손금불산입(유보)하고 시인부족액은 소멸한다.

12-4 업무무관자산 등에 대한 지급이자

업무무관자산이나 특수관계인에게 법인의 업무와 관련없이 지급한 가지급금을 취득하거나 보유하고 있는 법인이 각 사업연도에 지급한 차입금이자 중 해당 자산에 상당하는 금액의 이자는 사업연도의 소득금액을 계산할 때 손금에 산입하지 않는다. 이것은 법인의 자금이 업무와 무관한 용도로 사용되지 못하도록 규제하기 위한 것이다.

가. 업무무관자산의 범위

업무무관자산이란 다음의 하나에 해당하는 것을 말한다.

- 비업무용 부동산 및 비업무용 동산
- 특수관계인에게 지급한 업무무관 가지급금

나. 손금불산입 지급이자

업무무관자산에 대한 지급이자 손금불산입액은 다음과 같이 계산한다.

> 손금불산입 지급이자 =
>
> $$\text{지급이자} \times \frac{(\text{업무무관자산 적수}+\text{업무무관 가지급금 적수})(\text{총차입금을 한도로 함})}{\text{총차입금}}$$

(1) 총차입금 및 지급이자

총차입금이란 지급이자 및 할인료를 부담하는 모든 부채를 말한다. 이 경우 금융리스 관련 리스부채와 이자상당액도 차입금과 지급이자에 포함한다.

(2) 업무무관자산

업무무관자산의 가액은 해당 자산의 세무상 취득가액으로 한다. 취득가액에는 매입가액, 부대비용, 건설자금이자를 포함한 자본적 지출 및 부당행위계산의 유형에 해당하는 자산의 고가매입 또는 현물출자시의 시가초과액이 포함된다.

12-5 지급이자 손금불산입의 적용순위

지급이자 손금불산입에 관하여 각 규정이 동시에 적용되는 경우의 지급이자 손금불산입은 다음의 순서에 의한다.

- 1순위 : 채권자가 불분명한 사채의 이자
- 2순위 : 지급받는 자가 불분명한 채권·증권의 이자·할인액 또는 차익
- 3순위 : 건설자금이자
- 4순위 : 업무무관 자산 등에 대한 지급이자

제 5 장

충당금 및 준비금

1. 개 념

충당금은 K-IFRS에 따르면 부채의 정의를 충족하지만 지출시기와 지출금액이 불확실한 추정부채를 말하며, 충당부채(provisional liabilities)라고 한다. 회계에서 충당금을 인식하면 부채가 증가하고 그 결과 비용이 포괄손익계산서에 반영된다.

준비금은 특정목적으로 사용하기 위해 처분을 제한한 금액으로서 적립금이라고도 부른다. 회계에서 준비금의 인식은 이익잉여금의 재분류에 불과하기 때문에 자산이나 부채의 변동이 발생하지 않으며, 이로 인해 비용도 인식하지 않는다.

「법인세법」에서 충당금은 세 가지 의미를 갖는다. 첫째, 매출채권 등 자산손상의 인식으로 인한 자산 평가계정의 의미와, 둘째는 미래 퇴직시점에 지급할 퇴직급여부채의 인식에 따른 부채계정의 의미이며, 셋째는 법인세 부담을 일정기간 유예하기 위한 「법인세법」에서만 인정하는 형태가 있다. 한편, 준비금은 세법에서 법인세 부담을 유예하기 위해 마련된 제도이다.

충당금과 준비금을 인식하게 되면 각 사업연도의 소득금액을 계산할 때 손금에 산입된다는 것이 공통점이다. 그러나 충당금과 준비금은 확정되지 아니한 미확정금액을 추산(推算)에 의하여 손금산입한 것이기 때문에 원칙적으로 손금에 산입될 수 없지만, 세법에서 특별히 허용한 것이므로 세법에 규정된 것 외에는 인정되지 않는다. 충당금과 준비금의 회계처리는 다음과 같다.

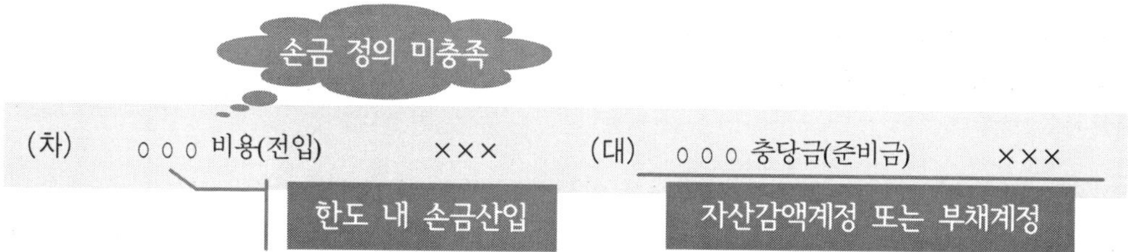

「법인세법」에서 허용하는 대표적인 충당금과 준비금은 다음과 같이 요약할 수 있다.

구 분	유 형	종 류
준비금	과세이연	고유목적사업준비금
충당금	자산 평가 계정	대손충당금
	부채	퇴직급여충당금
	과세이연	일시상각(압축기장)충당금

「법인세법」에서 규정하는 충당금과 준비금에 대한 구체적인 내용을 살펴보기로 하자.

2. 고유목적사업준비금

비영리법인은 수익사업에서 발생한 각 사업연도의 소득과 토지 등 양도소득에 대해 법인세 납세의무를 진다. 비영리법인은 영리 아닌 사업을 목적으로 하는 법인이므로 수익사업에서 발생한 소득금액 중 해당 고유목적사업이나 일반기부금에 지출하기 위하여 고유목적사업준비금을 손금으로 계상한 경우에는 해당 사업연도의 소득금액을 계산할 때 손금산입을 통해 법인세 부담을 감소시켜서 비영리법인의 고유목적사업이 위축되지 않게 하기 위한 것이다.

원칙 : 결산조정

2-1 설 정

가. 대상법인

모든 비영리법인은 고유목적사업준비금을 설정할 수 있지만, 비영리법인으로 보는 법인격 없는 단체는 다음의 경우로 제한된다.

- 일반기부금단체 및 법령에 의하여 설치된 기금
- 공동주택의 입주자대표회의 · 임차인대표회의 또는 이와 유사한 관리기구

다만, 해당 비영리법인의 수익사업에서 발생한 소득에 대해 「법인세법」 또는 「조세특례제한법」에 따른 비과세 · 면제, 준비금의 손금산입, 소득공제, 세액감면(세액공제 제외) 등의 혜택을 적용받는 경우에는 고유목적사업준비금을 손금에 산입할 수 없다.

나. 설정한도

결산을 확정할 때 그 법인의 고유목적사업이나 일반기부금에 지출하기 위하여 고유목적사업준비금을 손비로 계상한 경우에는 다음의 구분에 따른 금액의 합계액(①+②+③+④, 단 ④에 따른 수익사업에서 결손금이 발생한 경우 ①, ② 및 ③의 합계액에서 그 결손금 상당액을 차감한 금액)의 범위에서 계상한 고유목적사업준비금을 해당 사업연도의 소득금액을 계산할 때 손금에 산입한다.

① 이자소득금액(비영업대금의 이익 제외)
② 배당소득금액(상속세 · 증여세 과세가액에 산입되거나 증여세가 부과되는 주식에서 발생한 배당소득금액 제외)
③ 비영리내국법인의 복지사업으로서 회원이나 조합원에게 대출한 융자금 이자
④ 그 밖의 수익사업에서 발생한 소득의 50%(「공익법인의 설립 · 운영에 관한 법률」에 따라 설립된 법인으로서 고유목적사업에 대한 지출액 중 50% 이상 금액을 장학금으로 지출하는 법인의 경우 80%)를 곱하여 산출한 금액

* 그 밖의 수익사업에서 발생한 소득
= 수익사업에서 발생한 소득금액(고유목적사업준비금과 특례기부금의 손금산입 전 소득금액에서 경정으로 증가된 소득금액 중 특수관계인에게 상여 및 기타소득으로 처분된 금액 제외)
− [(①+②+③)+과세표준의 계산상 공제가능한 결손금(각 사업연도소득의 80%를 이월결손금 공제한도로 적용받는 법인은 공제한도 적용으로 인해 공제받지 못하고 이월된 결손금을 차감한 금액) 및 특례기부금]

다. 상계 및 환입

고유목적사업준비금을 손금에 산입한 비영리내국법인이 고유목적사업 등에 지출한 금액이 있는 경우 그 금액을 먼저 계상한 사업연도의 고유목적사업준비금부터 차례로 상계하여야 한다. 이 경우 고유목적사업 등에 지출한 금액이 직전사업연도 종료일 현재의 고유목적사업

준비금의 잔액을 초과한 경우 초과하는 금액은 그 사업연도에 계상할 고유목적사업준비금에서 지출한 것으로 본다.

손금에 산입한 고유목적사업준비금의 잔액이 있는 비영리내국법인이 다음의 어느 하나에 해당하게 된 경우 그 잔액은 해당 사유가 발생한 날이 속하는 사업연도의 소득금액을 계산할 때 익금(고유목적사업 등에 사용하지 아니한 경우 그 용도 외 사용금액)에 산입한다.

- 해산한 경우
- 고유목적사업을 전부 폐지한 경우
- 법인으로 보는 단체가 「국세기본법」에 따라 승인이 취소되거나 거주자로 변경된 경우
- 고유목적사업준비금을 손금에 산입한 사업연도의 종료일 이후 5년이 되는 날까지 고유목적사업 등에 사용하지 아니한 경우(5년 내에 사용하지 아니한 잔액으로 한정)
- 고유목적사업준비금을 고유목적사업 등이 아닌 용도(고유목적사업 외 용도)에 사용한 경우

2-2 이자상당액의 추징

고유목적사업준비금을 손금으로 계상한 사업연도의 종료일 이후 5년이 되는 날까지 고유목적사업에 사용하지 않거나 고유목적사업 외의 용도로 사용한 경우 또는 5년 이내 일부를 환입하여 익금에 산입하는 경우에는 이자상당액을 해당 사업연도의 법인세에 가산하여 납부하여야 한다. 이자상당액은 다음과 같이 계산한다.

이자상당액 = 법인세액의 차액* × (손금산입연도 다음 사업연도 개시일~익금산입연도 종료일의 기간) × 1일 0.022%

* 고유목적사업준비금 잔액의 손금산입연도에 그 잔액을 손금산입함에 따라 발생한 법인세액의 차액

2-3 세무조정

고유목적사업준비금은 결산조정에 의해 손금산입하는 것이 원칙이지만, 고유목적사업준비금은 회계기준에 따른 부채의 정의를 충족하지 못하기 때문에 결산조정을 통해 재무제표에 반영할 수 없는 문제가 발생한다. 이에 신고조정에 따른 손금산입 특례를 허용하여 회계기준과의 차이를 해소하고 있다. 즉, 공인회계사의 회계감사를 받는 비영리내국법인이 고유목적사업준비금을 세무조정계산서에 계상하고 그 금액 상당액을 해당 사업연도의 이익처분을 할 때 고유목적사업준비금으로 적립한 경우에는 그 금액을 결산을 확정할 때 손비로 계상한 것으로 본다.

가. 결산조정의 경우

구 분		회 계 처 리			
한도 100원 설정		(차) 고유목적사업준비금전입	100	(대) 고유목적사업준비금	100
사용	고유목적사업에서 인건비 20원 지출	▪ 비용처리한 경우			
		(차) 고유목적사업비	20	(대) 현 금	20
		고유목적사업준비금	20	고유목적사업준비금환입	20
		▪ 준비금과 상계한 경우			
		(차) 고유목적사업준비금	20	(대) 현 금	20
	고유목적사업에서 유형자산 100원 취득	▪ 유형자산의 취득			
		(차) 유형자산	100	(대) 현 금	100
		▪ 감가상각(정액법, 내용연수 5년 가정)			
		(차) 감가상각비	20	(대) 감가상각누계액	20
		고유목적사업준비금	20	고유목적사업준비금환입	20
미사용액 30원		(차) 고유목적사업준비금	30	(대) 고유목적사업준비금환입	30

나. 신고조정의 경우

구 분		회 계 처 리			
한도 100원 설정		▪ 세무조정 : 손금산입 고유목적사업준비금 100원(△유보)			
		(차) 고유목적사업준비금전입	100	(대) 고유목적사업준비금	100
사용	고유목적사업에서 인건비 20원 지출	(차) 고유목적사업비(인건비)	20	(대) 현 금	20
		▪ 세무조정 : 익금산입 고유목적사업준비금 환입 20원(유보)			
		▪ 사용에 따른 이익잉여금의 이입(移入) 분개			
		(차) 고유목적사업준비금	20	(대) 고유목적사업준비금환입	20
	고유목적사업에서 유형자산 100원 취득	▪ 유형자산의 취득			
		(차) 유형자산	100	(대) 현 금	100
		▪ 감가상각(정액법, 내용연수 5년 가정)			
		(차) 감가상각비	20	(대) 감가상각누계액	20
		▪ 세무조정 : 익금산입 고유목적사업준비금 환입 20원(유보)			
		▪ 사용(감가상각)에 따른 이익잉여금의 이입(移入) 분개			
		(차) 고유목적사업준비금	20	(대) 고유목적사업준비금환입	20
미사용액 30원		▪ 5년 내 미사용액이 30원인 경우(이자상당액을 추징함)			
		▪ 세무조정 : 익금산입 고유목적사업준비금 환입 30원(유보)			

3. 퇴직급여충당금

법인은 임원과 직원이 퇴직할 경우에 대비하여 지급할 퇴직금을 미리 준비할 필요가 있다. 이에 「법인세법」에서는 법인이 금융회사에 퇴직연금을 예치한 경우에는 일정금액을 손금산입할 수 있도록 혜택을 부여함으로써 퇴직급여의 재원을 마련하도록 하고 있다. 다만, 임원과 직원의 퇴직급여를 지급하기 위하여 불입하거나 부담하는 보험료·부금 또는 부담금 중 「법인세법」에 따라 손금에 산입하는 것 외의 보험료 등은 이를 손금에 산입하지 않는다.

3-1 퇴직급여의 사외적립제도

법인이 임원 또는 직원의 퇴직을 퇴직급여의 지급사유로 하고 임원 또는 직원을 수급자로 하는 연금으로서 지출하는 금액은 해당 사업연도의 소득금액을 계산할 때 손금에 산입한다.

가. 확정기여형 퇴직연금

법인이 퇴직연금의 부담금으로 지출하는 금액 중 확정기여형 퇴직연금의 부담금은 전액 손금에 산입한다. 다만, 임원에 대한 부담금은 법인이 퇴직시까지 부담한 부담금의 합계액을 퇴직급여로 보아 「법인세법」에 따른 임원퇴직급여의 손금산입 한도 내에서 손금산입하되, 손금산입 한도 초과금액이 있는 경우에는 퇴직일이 속하는 사업연도의 부담금 중 손금산입 한도 초과금액 상당액을 손금에 산입하지 아니하고, 손금산입 한도 초과금액이 퇴직일이 속하는 사업연도의 부담금을 초과하는 경우 그 초과금액은 퇴직일이 속하는 사업연도의 익금에 산입한다. 이에 대한 처리를 요약하면 다음과 같다.

확정기여형	매 사업연도 회계처리	세법상 처리
사용인에 대한 부담금	퇴직급여로 비용 계상	비용처리한 사업연도에 전액 손금 인정
임원에 대한 부담금	퇴직급여로 비용 계상	① 비용처리한 연도에 전액 손금산입한다. ② 퇴직일이 속한 사업연도에 퇴직일까지의 합산액을 임원퇴직금으로 보아 시부인계산하며, 임원퇴직금 한도초과액이 있는 경우 다음과 같이 처리한다. ▪ 한도초과액 < 퇴직한 사업연도의 부담금 부담금 중 한도초과액 상당액을 손금불산입(상여)함 ▪ 한도초과액 > 퇴직한 사업연도의 부담금 퇴직금 손금산입 한도 초과금액을 익금산입(상여)함

나. 확정급여형 퇴직연금

법인이 임원 또는 직원의 퇴직을 퇴직급여의 지급사유로 하고 임원 또는 직원을 수급자로 하는 퇴직연금의 부담금으로서 지출하는 금액 중 다음의 Ⓐ 및 Ⓑ의 금액 중 큰 금액에서 Ⓒ의 금액을 뺀 금액을 한도로 손금에 산입한다.

확정급여형 퇴직연금의 손금산입 한도 = 〔Max(Ⓐ, Ⓑ) − Ⓒ〕

Ⓐ 해당 사업연도 종료일 현재 재직하는 임원 또는 직원의 전원이 퇴직할 경우에 퇴직급여로 지급되어야 할 금액의 추계액에서 해당 사업연도 종료일 현재 퇴직급여충당금을 공제한 금액에 상당하는 연금에 대한 부담금 : <일시퇴직기준>

Ⓑ 사업연도 말일 현재를 기준으로 산정한 가입자의 예상 퇴직시점까지의 가입기간에 대한 급여에 드는 비용 예상액의 현재가치에서 장래 근무기간분에 대해 발생하는 부담금수입 예상액의 현재가치를 뺀 금액에서 해당 사업연도 종료일 현재의 퇴직급여충당금(부채)을 공제한 금액에 상당하는 연금에 대한 부담금 : <보험수리기준>

Ⓒ 직전사업연도 종료일까지 지급한 부담금

구체적으로 확정급여형 퇴직연금의 부담금으로 지출하는 금액은 추계액과 납입액 중 적은 금액을 한도로 손금에 산입한다. 이를 요약하면 다음과 같다.

확정급여형 퇴직연금의 손금산입 한도 = Min(추계액 기준, 납입액 기준)

(1) 확정급여형 퇴직연금의 손금산입 한도

<추계액 기준>

추계액 기준에 의한 확정급여형 퇴직연금의 손금산입 한도는 다음과 같다.

손금산입 한도 = 퇴직연금의 손금산입누적한도액1) − 이미 손금산입한 퇴직연금(부담금)2)

1) 퇴직연금의 손금산입누적한도액 = 당기말 현재 전 임원·직원의 퇴직급여추계액*
− 당기말 세무상 퇴직급여충당부채#

* 퇴직급여추계액 = Max(일시퇴직 기준 Ⓐ, 보험수리 기준 Ⓑ)

당기말 세무상 퇴직급여충당금 = 당기말 장부상 퇴직급여충당금 잔액 − 당기말 부인누계액

2) 이미 손금산입한 퇴직연금(부담금) = 확정급여채무 기초잔액(장부) 및 신고조정에 의하여 손금산입한 기초잔액〔자본금과적립금조정명세서(을)표〕 − 확정급여채무 부인누계액 − 기중 확정급여채무 수령 및 해약액

<납입액 기준>

납입액 기준에 의한 확정급여형 퇴직연금의 손금산입 한도는 다음과 같다.

손금산입 한도 = 퇴직연금의 기말잔액* − 이미 손금산입한 퇴직연금(부담금)

* 퇴직연금의 기말잔액 = 기초잔액 − 기중 수령 및 해약액 + 당기 부담액

▪ 참고

확정급여형 퇴직연금의 손금산입 한도=Min(Ⓐ, Ⓑ)

Ⓐ 추계액 기준(저금통 : 형식) : 당기 한도

추계액 − 세무상 퇴직급여충당부채 잔액(F/P 기말잔액 − 사내유보) − 과거 손금산입분

Ⓑ 납입액 기준(돈 : 실질) : 당기 한도

퇴직연금(기말잔액 = 기초 잔액 + 부담금 지출액 − 해약 · 수령액) − 과거 손금산입분

3-2 회계처리

퇴직연금의 손금산입은 결산조정과 신고조정 모두 인정된다. 따라서 법인이 퇴직연금을 손금으로 계상하지 않거나 과소계상한 경우에는 손금산입 범위액과 손금 계상액의 차액을 신고조정에 의하여 반드시 손금에 산입하여야 한다(강제조정).

- 결산조정액 > 손금산입 범위액인 경우 : 차액을 손금불산입하고 유보 처분한다
- 결산조정액 < 손금산입 범위액인 경우 : 차액을 손금산입하고 △유보 처분한다

3-3 한국채택국제회계기준(K-IFRS)에 따른 세무조정

(1) 확정급여채무의 회계처리

<당기(또는 과거) 근무원가와 이자원가의 인식>

(차)	퇴직급여원가	×××(Ⓐ)	(대)	확정급여채무	×××

<재측정요소(보험수리 손익)의 인식>

(차)	재측정요소(OCI)	×××(Ⓑ)	(대)	확정급여채무	×××

<퇴직급여의 지급>

(차)	확정급여채무	×××	(대)	사외적립자산	×××

<계정 표시>

<table>
<tr><th colspan="4">확정급여채무</th></tr>
<tr><td rowspan="2">퇴직급여 지급(사외적립자산)</td><td colspan="3">기초 금액(현재가치)</td></tr>
<tr><td rowspan="3">퇴직급여원가</td><td rowspan="2">Ⓐ</td><td>이자원가</td></tr>
<tr><td rowspan="2">기말 금액(현재가치)</td><td>근무원가(당기・과거)</td></tr>
<tr><td>Ⓑ</td><td>재측정요소(OCI)</td></tr>
</table>

(2) 사외적립자산의 회계처리

<기여금의 출연>

(차)	사외적립자산	×××	(대)	현 금	×××

<사외적립자산의 이자수익과 공정가치 변동(재측정요소)의 인식>

(차)	사외적립자산	×××	(대)	퇴직급여원가	××× (Ⓒ)
				재측정요소	××× (Ⓓ)

<퇴직급여의 지급>

(차)	확정급여채무	×××	(대)	사외적립자산	×××

<계정 표시>

<table>
<tr><th colspan="4">사외적립자산</th></tr>
<tr><td colspan="3">기초 금액(공정가치)</td><td rowspan="2">퇴직급여 지급(확정급여채무)</td></tr>
<tr><td colspan="3">기여금 출연</td></tr>
<tr><td rowspan="2">퇴직급여원가</td><td>Ⓒ</td><td>이자요소</td><td rowspan="2">기말 금액(공정가치)</td></tr>
<tr><td>Ⓓ</td><td>재측정요소(OCI)</td></tr>
</table>

(3) 세무조정

① 손금계상액과 재측정요소(OCI)에 대한 세무조정

K-IFRS에 따르면 퇴직급여원가 Ⓐ와 이자요소 Ⓒ를 상계한 순액(Ⓐ−Ⓒ)을 포괄손익계산서에 당기손익에, 확정급여채무의 재측정요소 Ⓑ와 사외적립자산의 공정가치 변동분(증가로 가정) 중 이자요소를 제외한 금액 Ⓓ를 상계한 순액(Ⓑ−Ⓓ)을 기타포괄손익에 반영하므로 다음과 같이 표시된다.

<table>
<tr><td rowspan="2">퇴직급여원가</td><td>당기손익(Ⓐ−Ⓒ)</td></tr>
<tr><td>기타포괄손익(Ⓑ−Ⓓ)</td></tr>
</table>

그러나 「법인세법」에서는 총액주의에 따라 손금계상액은 (Ⓐ+Ⓑ)로 보고, 투자회사 등(집합투자기구)이 보유한 자산은 시가로 평가하므로 사외적립자산의 공정가치 평가로 인한 평가증액(Ⓒ+Ⓓ)은 익금에 산입하여야 한다.

따라서 다음과 같이 포괄손익계산서에 계상된 퇴직급여원가를 다음과 같이 처리한다. 사외적립자산의 공정가치 변동분(Ⓒ+Ⓓ) 중 당기손익에 반영된 Ⓒ를 제외하고 기타포괄이익에 반영된 Ⓓ를 익금에 산입하고 기타로 소득처분한다. 한편, 기타포괄손익에 반영한 퇴직급여원가 Ⓑ를 손금산입, 기타로 소득처분하고 회사의 손금계상액을 (Ⓐ+Ⓑ)로 보고 시부인계산한다.

② 퇴직급여원가에 대한 세무조정

회사가 계상한 퇴직급여원가(Ⓐ+Ⓑ)를 한도액〔Min(추계액기준, 납입액기준)〕과 비교하여 다음과 같이 세무조정한다.

구 분	세무조정
퇴직급여원가(Ⓐ+Ⓑ) > 설정한도액인 경우	초과액을 손금불산입(유보)한다
퇴직급여원가(Ⓐ+Ⓑ) < 설정한도액인 경우	미달(부족)액을 손금산입(△유보)한다

4. 대손충당금

대손충당금이란 채권 중 회수불가능한 금액으로 추산한 손비이다. 대손충당금은 매출채권 등의 금융자산을 적절하게 평가하고 관련 손실을 발생한 기간에 인식할 수 있다는 점에서 타당성이 인정된다. 「법인세법」에서는 법인이 채권의 대손에 충당하기 위하여 일정한 한도 내에서 손금산입을 허용하며, 구체적으로 다음과 같이 규정한다.

> 내국법인이 각 사업연도의 결산을 확정할 때 외상매출금, 대여금 및 그 밖에 이에 준하는 채권의 대손에 충당하기 위하여 대손충당금을 손비로 계상한 경우에는 대통령령으로 정하는 바에 따라 계산한 금액의 범위에서 그 계상한 대손충당금을 해당 사업연도의 소득금액을 계산할 때 손금에 산입한다.

4-1 대손충당금의 손금한도

해당 사업연도 종료일 현재 외상매출금・대여금, 그 밖에 이에 준하는 채권의 장부가액의 합계액(채권잔액)의 1%에 상당하는 금액과 채권잔액에 대손실적률을 곱하여 계산한 금액 중 큰 금액을 말한다.

> 대손충당금 손금산입한도 = 채권잔액 × Max (1%, 대손실적률)*

* 금융회사(「법인세법 시행령」 61 ② 참조)는 금융위원회(새마을금고중앙회는 행정안전부)가 재정경제부장관과 협의하여 정하는 대손충당금적립기준에 따라 적립하여야 하는 금액, 채권잔액의 1%에 상당하는 금액 또는 채권잔액에 대손실적률을 곱하여 계산한 금액 중 큰 금액으로 함.

가. 채권잔액

채권잔액이란 외상매출금, 대여금 및 어음상의 채권・미수금, 그 밖에 기업회계기준에 따라 대손충당금 설정대상이 되는 채권의 세무상 장부가액을 말한다. 따라서 재무상태표상 채권의 장부가액에서 설정대상이 아닌 채권을 차감하고 대손충당금 설정대상채권에 대한 유보(△유보)를 가산(차감)한다. 다음의 채권은 대손충당금을 설정할 수 없다.

① 채무보증으로 발생한 구상채권
② 부당행위계산의 부인 규정이 적용되는 시가초과액에 상당하는 채권
③ 법인의 업무와 관련 없이 특수관계인에게 지급한 가지급금

나. 대손실적률

대손실적률은 다음의 산식에 의해 계산한다.

$$\text{대손실적률} = \frac{\text{대손요건 충족한 해당 사업연도의 대손금}}{\text{직전사업연도 종료일 현재 세법상 채권가액}}$$

4-2 대손충당금 설정

대손충당금은 장부에 비용으로 인식하여야 손금에 산입할 수 있는 결산조정사항이다. 대손충당금을 비용으로 인식하는 방법은 총액법과 보충법이 있는데, 「법인세법」은 총액법을 원칙으로 하되, 보충법도 허용한다.

가. 총액법

총액법이란 직전사업연도에 설정된 대손충당금의 잔액을 전액 환입하고 당해 사업연도에 설정할 금액을 전액 손금산입하는 방법이다.

원칙

나. 보충법

보충법은 대손충당금을 설정할 때 설정범위에서 직전사업연도의 대손충당금 잔액을 공제하고 잔액만을 계상하는 방법이다. 보충법으로 처리한 경우에도 단순한 장부기재의 생략에 불과한 것이므로 각각 익금 또는 손금에 산입한 것으로 본다.

【사례】 총액법과 보충법 사례

대손충당금 기초 금액 1,000원, 거래처의 파산으로 대손확정된 금액 100원, 손익계산서에 계상할 대손상각비가 1,200원인 경우 총액법과 보충법의 처리를 살펴보자.

<총액법>

총액법의 분개와 계정 기입은 다음과 같다.

(차)	대손충당금	900	(대)	대손충당금환입(익금)	900
	대손상각비(손금)	1,200		대손충당금	1,200

대손충당금			
대손확정	100	기 초	1,000
대손충당금환입	900	대손상각비	1,200
기 말	1,200		

<보충법>

보충법의 분개와 계정 기입은 다음과 같다.

(차)	대손상각비(손금)	300	(대)	대손충당금	300

대손충당금			
대손확정	100	기 초	1,000
기 말	1,200	대손상각비	300

총액법의 익금 900원, 손금 1,200원의 차액 300원은 보충법의 손금계상액 300원과 동일하다.

4-3 세무조정

가. 익금산입액 조정

총액법 또는 보충법에 관계없이 대손충당금 기초잔액 중 부인누계액을 손금산입(△유보)한다.

나. 손금산입액 조정

총액법 또는 보충법에 관계없이 대손충당금 기말금액(차기이월액)을 손금 계상액으로 보고 설정한도액과 비교한 후 설정한도액을 초과하는 손금 계상액은 손금불산입(유보)한다.

5. 일시상각충당금 및 압축기장충당금

국고보조금 · 공사부담금 · 보험차익이 발생하는 경우 순자산을 증가시키는 거래로서 익금에 해당한다. 그러나 이를 과세하는 경우에는 사업용 자산의 취득, 개량에 사용될 자금이 법인세로 지출되어 해당 재원이 부족해질 수 있다. 따라서 일시상각충당금과 압축기장충당금은 국고보조금 등을 지급받은 연도에 익금상당액을 일시상각충당금 또는 압축기장충당금으로 손금에 계상할 수 있도록 함으로써 일정기간 과세를 유예하는 제도이다.

5-1 회계처리

일시상각충당금과 압축기장충당금은 같은 성격의 계정으로 취득하는 자산의 유형에 따라 구분을 달리한 것이다. 일시상각충당금은 감가상각자산을, 압축기장충당금은 비상각자산을 취득하는 경우에 사용하며, 이러한 구분은 일시상각충당금은 감가상각과정에서 익금에 환입되고 압축기장충당금은 자산의 매각처분과정에서 익금에 환입된다는 점을 고려한 것이다. 다만, 보험차익은 대체취득자산이 감가상각자산에 한정되기 때문에 일시상각충당금만 설정한다.

일시상각충당금 : 감가상각자산	압축기장충당금 : 비상각자산

5-2 손금산입한도

일시상각충당금 또는 압축기장충당금은 국고보조금 · 공사부담금 · 보험차익을 지급 또는 제공받은 날이 속하는 사업연도의 종료일 또는 그 유예기간까지 사업용 자산의 취득 · 개량에 사용하는(또는 사용하려는) 경우(사업용 자산을 취득 · 개량하고 이에 대한 국고보조금을 사후에 지급받은 경우 포함)에는 취득 또는 개량에 사용된(또는 사용하려는) 국고보조금 · 공사부담금 · 보험차익의 전액을 손금에 산입할 수 있다.

손금한도 = 지급받은 사업연도 종료일(유예기간)까지 사업용 자산의 취득에 사용한 금액	
국고보조금	개별 사업용 자산별로 해당 사업용 자산의 가액 중 그 취득 또는 개량에 사용된 보조금 등에 상당하는 금액
공사부담금	개별 유형 · 무형자산별로 해당 자산가액에 상당하는 금액
보험차익	개별보험대상 자산별로 당해 보험대상 자산의 가액 중 취득 또는 개량에 사용된 보험차익(해당 보험대상 자산의 가액이 지급받은 보험금에 미달하는 경우 보험금 중 보험차익 외의 금액을 먼저 사용한 것으로 봄)

5-3 익금산입(환입)

(1) 감가상각

해당 사업용 자산의 감가상각비(취득가액 중 해당 일시상각충당금에 상당하는 부분에 대한 것에 한함)와 상계한다. 다만, 해당 자산을 처분하는 경우에는 상계하고 남은 잔액을 그 처분한 날이 속하는 사업연도에 전액 익금에 산입한다.

$$\text{상계할 감가상각비} = \text{사업용 자산의 감가상각비} \times \frac{\text{손금산입한 일시상각충당금}}{\text{사업용 자산의 취득가액}}$$

(2) 매각 · 처분

해당 사업용 자산을 처분하는 사업연도에 이를 전액 익금에 산입한다. 다만, 해당 사업용 자산의 일부를 처분하는 경우의 익금산입액은 해당 사업용 자산의 가액 중 일시상각충당금 또는 압축기장충당금이 차지하는 비율로 안분계산한 금액에 의한다.

일부 처분한 경우 익금산입액 =

$$\text{일부 처분한 사업용 자산가액} \times \frac{\text{일시상각(압축기장)충당금}}{\text{사업용 자산의 가액}}$$

(3) 일시환입

국고보조금 · 공사부담금 · 보험차익을 손금에 산입한 법인이 손금에 산입한 금액을 기한 내에 사업용 자산의 취득 또는 개량에 미사용 또는 사용하기 전에 폐업 또는 해산하는 경우 그 사용하지 아니한 금액은 해당 사유가 발생한 날이 속하는 사업연도에 익금에 산입한다. 다만, 합병 또는 분할하는 경우로서 합병법인(분할신설법인 또는 분할합병의 상대방법인 포함)이 그 금액을 승계한 경우를 제외하며, 이 경우 그 금액은 합병법인이 손금에 산입한 것으로 본다.

5-4 손금산입방법

법인이 일시상각충당금 또는 압축기장충당금을 세무조정계산서에 계상하고 법인세 과세표준 신고시 손금에 산입한 경우 그 금액은 손비로 계상한 것으로 본다. 따라서 결산조정방법 또는 신고조정방법을 선택하여 일시상각충당금 또는 압축기장충당금을 손금산입할 수 있다.

(1) 결산조정

▪ 일시상각(압축기장)충당금 계상

(차)	일시상각비(압축기장충당금전입)	×××	(대)	일시상각(압축기장)충당금	×××

▪ 감가상각비와 상계

(차)	일시상각충당금	×××	(대)	감가상각비	×××

(2) 신고조정

소득금액조정합계표에 일시상각충당금을 손금산입하고, 당해 유형자산을 감가상각할 경우에 그 감가상각비에서 유형자산의 취득가액 중 일시상각충당금에 해당하는 비율에 해당하는 금액을 익금산입(손금불산입)한다.

5-5 세무조정

국고(또는 정부)보조금으로 유형·무형자산을 취득한 법인이 국고보조금을 취득한 해당 자산의 원가에서 차감하는 방식으로 회계처리한 경우 이에 대한 세무조정을 살펴보면 다음과 같다.

(1) 국고보조금·공사부담금의 경우

구 분	회계처리	세무조정
수령·취득	(차) 현 금 100 (대) 국고(정부)보조금 100 기 계 500 현 금 500 국고(정부)보조금 100 기 계 100	▪ 익금산입 100(유보) ▪ 손금산입 100(△유보)
감가상각	(차) 감가상각비 40 (대) 감가상각누계액 40 기계 취득원가 400, 내용연수 10년, 정액법 가정	▪ 익금산입 10(유보) ▪ 손금산입 10(△유보) $40 \times \frac{\triangle 100}{400} = 10$
처분	(차) 현 금 600 (대) 기 계 400 감가상각누계액 40 기계처분이익 240	▪ 익금산입 90(유보) ▪ 손금산입 90(△유보)
폐업·해산	(차) 감가상각누계액 40 (대) 기 계 400 기계폐기손실 360	▪ 익금산입 90(유보) ▪ 손금산입 90(△유보)

【해설】

① 수령 · 취득

국고보조금 수령액을 K-IFRS에 따라 원가차감법으로 처리하는 경우 해당 자산이 없는 것으로 보는데, 세법에서는 익금 발생(100)과 동시에 자산 증가(100)가 있는 것으로 보기 때문에 100을 익금산입(유보)과 동시에 100을 손금산입(△유보)하여 과세이연을 한다.

② 감가상각

세법상 감가상각비(자산 감소)는 50인데 회계상 40으로 처리하였으므로, 10을 손금산입(△유보)하고 동시에 동 손금 10은 이월손금이므로 손금불산입(유보)한다.

③ 처분

세법상 자산 감소는 450(500－50)인데 회계상 360(500－140)으로 처리하였으므로, 유형자산 처분이익 중 90을 익금불산입(△유보)함과 동시에 동 금액 90은 이월손금이므로 손금불산입(유보)한다.

④ 폐업 · 해산

과세이연의 배제 사유가 발생하였기 때문에 90을 손금산입(△유보)하고 동시에 90은 이월손금이므로 손금불산입(유보)한다.

(2) 보험차익의 경우

건물(취득가액 500원, 감가상각누계액 300원)이 소실되어 보험금 400원을 수령한 경우를 가정하자.

▪ 보험차익 발생

(차)	현 금	400	(대)	건 물	500
	감가상각누계액	300		보험차익	200

* 세무조정 : 일시상각충당금(보험차익) 200을 손금산입(△유보)한다.

▪ 대체취득자산(취득가액 600, 내용연수 10년, 정액법)의 감가상각

(차)	감가상각비(한도 내)	60	(대)	감가상각누계액	60

* 세무조정 : 일시상각충당금(상계대상 감가상각비) 20($= 60 \times \frac{200}{600}$)을 손금불산입(유보)한다.

▪ 2차연도 초에 처분 또는 폐업 · 해산의 경우

* 일시상각충당금 미상각잔액 180을 익금산입(유보)한다

【사례】 보험차익 세무조정

재무상태표의 장부가액 1,000원인 X자산(상각부인액 100원)이 화재로 인해 전소되어 보험금 2,000원을 수령한 경우 각 상황별 세무조정을 하시오.

정 답

보험차익 900	→ 익금=2,000－1,100=900	↕ 손금산입 범위
		• 손금산입 개시 분기점
X자산 1,100	→ 장부가액(세무상)=1,000+100=1,100	↕ 대체취득에의 사용액

(1) 보험차익의 손금산입한도 = Min(900원, 초과사용액)

(2) 각 상황별 세무조정

① 사용액(취득가액)이 900원이면 손금산입 없음

② 사용액이 1,800원이면 손금산입 700(△유보)

③ 사용액이 2,000원이면 손금산입 900(△유보)

제 6 장

손익귀속 및 자산·부채의 평가

1. 손익의 귀속사업연도

법인의 각 사업연도소득은 사업연도 단위별로 귀속되는 익금 총액에서 손금 총액을 차감하여 계산한다. 따라서 익금과 손금의 귀속사업연도는 각 사업연도소득의 크기에 직접적인 영향을 주게 된다. 「법인세법」에 정한 손익의 귀속사업연도에 대해 살펴보기로 한다.

1-1 일반원칙

가. 권리·의무확정기준

내국법인의 각 사업연도의 익금과 손금의 귀속사업연도는 그 익금과 손금이 확정된 날이 속하는 사업연도로 한다. 확정된 날이란 익금은 수입할 권리(채권)가 확정된 날, 손금은 지급할 의무(채무)가 확정된 날을 의미하며, 권리·의무확정기준은 법인의 외부거래의 경우에 대해 주로 적용할 수 있음에 유의할 필요가 있다.

법인의 내부거래에서 발생한 감가상각비, 퇴직급여충당금, 대손충당금, 자산평가손실 등과 같이 자산·부채의 평가과정에서 발생한 손금은 권리·의무확정기준을 적용할 수 없기 때문이다. 따라서 「법인세법」은 기업회계기준을 수용하고 있다.

원칙 : 확정기준

나. 기업회계기준의 수용

손익의 귀속사업연도는 권리·의무의 확정주의를 원칙으로 한다. 그러나 법인의 각 사업연도의 소득금액을 계산할 때 그 법인이 익금과 손금의 귀속사업연도와 자산·부채의 취득 및 평가에 관하여 일반적으로 공정·타당하다고 인정되는 기업회계기준을 적용하거나 관행을 계속 적용하여 온 경우에는 「법인세법」 및 「조세특례제한법」에서 달리 규정하고 있는 경우를 제외하고는 그 기업회계기준 또는 관행에 따른다. 기업회계기준 또는 관행이란 다음의 하나에 해당하는 회계기준을 말한다.

기업회계 수용

- 한국채택국제회계기준(K-IFRS)
- 「주식회사 등의 외부감사에 관한 법률」에 따라 한국회계기준원이 정한 회계처리기준(일반기업회계기준)
- 증권선물위원회가 정한 업종별회계처리준칙
- 「공공기관의 운영에 관한 법률」에 따라 제정된 공기업·준정부기관 회계규칙
- 「상법 시행령」 제15조 제3호에 따른 회계기준(중소기업회계기준)
- 그 밖에 법령에 따라 제정된 회계처리기준으로서 재정경제부장관의 승인을 받은 것

1-2 거래형태별 귀속사업연도

손익 귀속사업연도의 일반원칙인 권리·의무가 확정된 날에 대해 거래형태별로 구체적으로 규정되어 있는데, 그 내용은 다음과 같다.

가. 자산의 판매손익

자산의 양도 등으로 인한 익금과 손금의 귀속연도는 다음의 날이 속하는 사업연도로 한다.

(1) 상품 등 판매

구 분	익금 및 손금의 귀속사업연도
상품·제품·기타 생산품(상품 등) 판매	그 상품 등을 인도한 날(다만, 반환조건부 판매, 동의조건부 판매, 그 밖의 조건부 판매 및 기한부 판매의 경우에는 그 조건이 성취되거나 기한이 지나 판매가 확정되는 날로 함)
상품 등 시용판매	그 상품 등에 대한 구입의사를 표시한 날
상품 등 외 자산(부동산) 판매	대금을 청산한 날, 소유권 등 이전등기일, 인도일, 상대방의 사용수익일 중 빠른 날
자산의 위탁판매	수탁자가 그 위탁자산을 판매한 날
증권시장에서 보통거래방식으로 한 유가증권의 매매	매매계약을 체결한 날

(2) 장기할부판매손익

할부판매란 자산을 인도한 후 그 대금을 일정기간 동안 분할하여 회수하는 신용판매방식을 말한다. 「법인세법」상 장기할부판매손익을 자산을 인도한 사업연도에 장기할부채권을 명목가치로 평가한 금액을 익금에, 그 자산의 장부가액을 손금에 산입하는 것을 원칙으로 한다.

그러나 장기할부조건으로 자산을 판매하거나 양도한 경우에는 장기할부조건에 따라 회수하였거나 회수할 금액과 이에 대응하는 비용을 익금과 손금에 산입하는 회수약정일기준과 현재가치금액을 매출액으로 계상하는 특례기준을 허용한다.

- 특례기준 Ⅰ(회수약정일기준)

회수약정일기준은 다음의 요건(①, ②)을 모두 충족하여야 적용할 수 있다.

① 장기할부조건에 해당할 것 : 다음의 조건을 모두 충족

- 자산의 판매 또는 양도로서 판매(또는 수입)금액을 월부·연부 기타 지불방법에 따라 2회 이상으로 분할하여 수입
- 당해 목적물의 인도일의 다음날부터 최종할부금 지급기일까지의 기간이 1년 이상

② 장부에 계상할 것

판매 또는 양도자산의 인도일이 속하는 사업연도의 결산을 확정할 때 해당 사업연도에 회수하였거나 회수할 금액과 이에 대응하는 비용을 각각 수익과 비용으로 계상

다만, 중소기업인 법인이 장기할부조건으로 자산을 판매하거나 양도한 경우에는 그 장기할부조건에 따라 각 사업연도에 회수하였거나 회수할 금액과 이에 대응하는 비용을 각각 해당 사업연도의 익금과 손금에 산입할 수 있다. 이는 한국채택국제회계기준(K-IFRS)에서 회수약정일기준을 허용하지 않기 때문에 중소기업이 인도기준에 따라 수익을 인식한 경우에도 회수약정일기준으로 신고조정을 할 수 있도록 하려는 것이다.

한편, 회수약정일기준에 의하여 손익을 인식하는 경우에는 인도일 이전에 회수하였거나 회수할 금액은 인도일에 회수한 것으로 보며, 법인이 장기할부기간 중에 폐업한 경우에는 그 폐업일 현재 익금에 산입하지 않은 금액과 이에 대응하는 비용을 폐업일이 속하는 사업연도의 익금과 손금에 산입한다.

- 특례기준 Ⅱ(기업회계기준의 수용)

법인이 장기할부조건에 의하여 자산을 판매하거나 양도함으로써 발생한 채권에 대해 기업회계기준에 따라 현재가치로 평가하여 현재가치할인차금을 계상한 경우 해당 현재가치할인차금 상당액은 해당 채권의 회수기간 동안 기업회계기준이 정하는 유효이자율법에

의하여 환입하였거나 환입할 금액을 각 사업연도의 익금에 산입한다.

▪ 회수약정일기준의 적용상 제약

장기할부판매손익은 원칙적으로 인도기준을 적용하지만, 결산조정에 의해 회수약정일기준을 적용할 수 있다. 다만, 다음과 같은 적용상 제약이 있다.

> ▪ 결산시 인도기준을 적용한 경우 다시 신고조정에 의하여 회수약정일기준을 적용할 수 없다(단, 중소기업은 제외).
> ▪ 회수약정일기준은 일반기업회계기준에 따른 중소기업회계처리특례 적용대상인 비상장 중소기업에 한해 적용할 수 있으므로 상장기업 및 비상장대기업은 결산조정에 의해 회수약정일기준을 적용할 수 없다.

▪ 장기할부판매손익의 처리 요약

장기할부판매손익의 세법상 처리방법을 요약하면 다음과 같다.

> ▪ 인도기준 명목금액으로 익금과 이에 대응하는 비용을 손금에 산입한다(원칙).
> ▪ 장기할부조건에 따라 장부에 계상하고 회수약정일기준에 의할 수 있다(특례기준 Ⅰ).
> ▪ 인도기준 현재가치(매출) 인식, 현재가치할인차금은 유효이자율법에 의해 이자수익을 인식할 수 있다(특례기준 Ⅱ : 기업회계기준 수용).
> ▪ 중소기업은 결산상 회계처리와 관계없이 회수기일도래기준으로 신고조정할 수 있다.

나. 매출할인

법인이 매출할인을 하는 경우 상품을 판매한 날에는 이 금액을 계산할 수 없으므로 매출할인금액은 상대방과의 약정에 의한 지급기일(지급기일이 정해지지 않은 경우 지급한 날)이 속하는 사업연도의 매출액에서 차감한다.

다. 용역판매손익

(1) 원칙(진행기준)

건설・제조 기타 용역(도급공사 및 예약매출 포함)의 제공으로 인한 익금과 손금은 그 목적물의 건설 등의 착수일이 속하는 사업연도부터 그 목적물의 인도일(용역제공은 그 제공을 완료한 날)이 속하는 사업연도까지 그 목적물의 건설을 완료한 정도, 즉 작업진행률을 기준으로 계산한 수익과 비용을 각각 해당 사업연도의 익금과 손금에 산입한다.

다만, 다음의 어느 하나에 해당하는 경우 그 목적물의 인도일이 속하는 사업연도의 익금과 손금에 산입할 수 있다.

- 중소기업인 법인이 수행하는 계약기간이 1년 미만인 건설 등의 경우
- 회계기준에 따라 목적물의 인도일이 속하는 사업연도의 수익과 비용으로 계상한 경우

따라서 상장중소기업과 비상장외부감사대상 중소기업은 다음의 회계처리를 할 수 있다.

- 한국채택국제회계기준(K-IFRS)을 적용하는 상장중소기업이 1년 미만의 건설수익을 진행기준으로 인식한 경우에도 인도기준으로 신고조정할 수 있다.
- 비상장외부감사대상 중소기업이 일반기업회계기준(중소기업회계처리특례)에 따라 인도기준을 적용한 경우에도 이를 수용한다.

목적물의 건설 등을 완료한 정도인 작업진행률과 작업진행률에 의해 계산한 각 사업연도의 익금과 손금은 다음과 같다.

- 건설의 경우 : $\text{작업진행률} = \dfrac{\text{해당 사업연도말까지 발생한 총공사비 누적액}}{\text{총공사예정비}}$

- 익금 = 계약금액 × 작업진행률 − 직전사업연도말까지 익금에 산입한 금액
- 손금 = 당해 사업연도에 발생된 총비용

(2) 특례(인도기준)

인도기준을 적용할 때 다음의 어느 하나에 해당하는 경우에는 목적물의 인도일이 속하는 사업연도의 익금과 손금에 각각 산입한다.

▪ 작업진행률을 계산할 수 없는 경우	▪ 법인이 비치 · 기장한 장부가 없는 경우 ▪ 비치 · 기장한 장부내용이 불충분하여 해당 사업연도 종료일까지 실제 소요된 총공사비누적액 등을 확인할 수 없는 경우
▪ 한국채택국제회계기준을 적용하는 법인이 수행하는 예약매출의 경우	

라. 이자소득

(1) 수입이자(이자 및 할인액)

① 일반법인

수입이자는 「소득세법」의 이자소득의 수입시기가 속하는 사업연도의 익금에 산입한다. 또한 회계기준과의 차이를 해소하기 위하여 원천징수대상이 아닌 수입이자는 결산을 확정할 때 이미 경과한 기간에 대한 미수이자를 수익으로 계상한 경우(발생기준 적용) 그 계상한 사업연도의 익금으로 인정한다. 다만, 원천징수대상인 수입이자는 특례기준을 적용하지 않는다. 즉, 「법인세법」상 원천징수대상 이자는 기간경과분 미수이자를 계상해도 익금으로 보지 아니한다.

② 금융보험회사

금융보험업을 영위하는 금융회사의 경우에는 실제로 수입된 날(현금주의, 선수입이자 및 할인액 제외)이 속하는 사업연도의 익금에 산입한다. 금융회사도 미수이자에 대한 세무상 처리내용은 일반법인의 경우와 같다.

(2) 지급이자 및 할인액

수입이자의 귀속시기와 같다. 지급이자 및 할인액도 결산을 확정할 때 이미 경과한 기간에 대응하는 이자 및 할인액(차입일부터 이자지급일이 1년을 초과하는 특수관계인과의 거래에 따른 이자 및 할인액은 제외)을 해당 사업연도의 손비로 계상한 경우에는 계상한 사업연도의 손금으로 한다. 한편, 해당 사업연도의 지급이자를 선급이자로 이연처리한 경우에도 반드시 해당 사업연도의 손금에 산입하여야 한다.

마. 배당소득

법인이 수입하는 배당금은 배당소득의 수입시기에 해당하는 날이 속하는 사업연도의 익금에 산입한다. 다만, 금융회사가 「자산유동화에 관한 법률」에 따른 유동화전문회사로부터 수입하는 배당금은 실제로 지급받은 날이 속하는 사업연도의 익금에 산입한다.

바. 금융보험회사의 보험료 등

금융보험업을 영위하는 법인이 수입하는 보험료・부금・보증료 또는 수수료(보험료 등)의 귀속사업연도는 그 보험료 등이 실제로 수입된 날이 속하는 사업연도로 하되, 선수입보험료 등을 제외한다. 다만, 결산을 확정함에 있어서 이미 경과한 기간에 대응하는 보험료상당액 등(미수수익)을 당해 사업연도의 수익으로 계상한 경우에는 그 계상한 사업연도의 익금으로 한다. 또한 「자본시장과 금융투자업에 관한 법률」에 따른 투자매매업자 또는 투자중개업자가 정형화된 거래방식으로 증권을 매매하는 경우 그 수수료의 귀속사업연도는 매매계약이

체결된 날이 속하는 사업연도로 한다.

사. 투자회사의 이자 및 배당소득

투자회사 등이 결산을 확정할 때 증권의 투자와 관련된 수익 중 이미 경과한 기간에 대응하는 이자 및 할인액과 배당소득을 해당 사업연도의 수익으로 계상한 경우에는 그 계상한 사업연도의 익금으로 하며, 「소득세법」의 수입시기 규정을 적용하지 않는다.

아. 신탁재산에 귀속되는 소득

「자본시장과 금융투자업에 관한 법률」에 따른 신탁업자가 운용하는 신탁재산(투자신탁재산 제외)에 귀속되는 이자소득금액과 배당소득금액(집합투자기구로부터의 이익 중 투자신탁의 이익만 해당)의 귀속사업연도는 원천징수일이 속하는 사업연도로 한다.

자. 보험회사 등의 책임준비금 반영 항목

보험회사 또는 주택도시보증공사가 보험계약과 관련하여 수입하거나 지급하는 이자 · 할인액 및 보험료 등으로서 「보험업법」에 따른 책임준비금(주택도시보증공사는 「주택도시기금법 시행령」에 따른 공사책임준비금) 산출에 반영되는 항목은 보험감독회계기준에 따라 수익 또는 손비로 계상한 사업연도의 익금 또는 손금으로 한다.

다만, 주택도시보증공사는 보험계약국제회계기준을 최초로 적용하는 사업연도(최초적용사업연도) 개시일 현재 공사책임준비금에서 최초적용사업연도 직전 사업연도에 손금에 산입한 미경과보험료적립금을 뺀 금액에 재정경제부령에서 정하는 바에 따라 계산한 금액을 최초적용사업연도와 다음 4개 사업연도에 균등하게 나누어 손금에 산입한다.

또한 주택도시보증공사가 최초적용사업연도의 직전 사업연도의 소득금액을 계산할 때 손금에 산입한 미경과보험료적립금은 최초적용사업연도의 익금에 산입하지 않으며, 최초적용사업연도 개시일 현재 공사책임준비금은 최초적용사업연도의 손금에 산입하지 아니한다.

차. 임대 손익

자산의 임대로 인한 익금과 손금의 귀속사업연도는 다음 각각의 날이 속하는 사업연도로 한다.

(1) 원칙(약정일 기준)

구 분	귀속시기
▪ 계약상 임대료의 지급일이 정해진 경우	그 지급일(지급약정일)
▪ 계약상 임대료의 지급일이 정해지지 않은 경우	그 지급을 받은 날(현금주의)

(2) 특례기준(발생기준)

▪ 경과기간에 대한 미수임대료를 계상한 경우(결산조정)

결산을 확정할 때 이미 경과한 기간에 대응하는 임대료 상당액과 이에 대응하는 비용을 해당 사업연도의 수익과 손비로 계상한 경우 각각 계상한 사업연도의 익금과 손금으로 한다.

▪ 임대료 지급기간*이 1년 초과하는 경우(강제조정)

임대료 지급기간이 1년을 초과하는 경우 이미 경과한 기간에 대응하는 임대료 상당액과 비용은 각각 당해 사업연도의 익금과 손금으로 하며, 법인의 결산조정 여부에 상관없이 반드시 발생주의를 적용한다.

* 임대료 지급기간이란 임대계약기간이 4년이고 임대료를 매 2년마다 지급하기로 한 경우 그 2년 (임대료 지급대상기간)을 의미함.

카. 금전등록기를 설치한 경우

소매업을 영위하는 법인이 금전등록기를 설치·사용하는 경우 그 수입하는 물품대금과 용역대가의 귀속사업연도는 그 금액이 실제로 수입된 사업연도로 할 수 있다(현금기준 허용).

타. 사채할인발행차금

사채할인발행차금은 기업회계기준에 의한 상각방법에 따라 사채발행시점부터 상환시까지의 기간에 걸쳐 유효이자율법을 적용하여 상각한 금액을 사채이자비용으로 처리한다. **사채할인발행차금**이란 상환할 사채의 만기금액에서 사채발행가액(사채발행수수료와 사채발행을 위해 직접 필수적으로 지출된 비용을 차감한 후의 가액)을 차감한 금액을 말한다. 「법인세법」에서 현재가치할인차금과 유효이자율법을 인정하는 경우는 다음과 같다.

구 분		차금 계상	유효이자율법
사채할인발행차금		가능	가능
현재가치할인차금	장기할부매매거래	가능	가능
	장기금전대차거래	불가능	불가능
	채권·채무조정	가능	가능
할인취득한 채권(상각후원가, 기타포괄손익인식 금융자산)		불가능	불가능

파. 매출채권의 양도

자산유동화계획에 따른 유동화자산의 양도방식에 의해 보유자산을 양도하는 경우 및 매출채권 또는 받을어음을 배서양도하는 경우에는 회계기준에 의한 손익인식방법에 따라 관련

손익의 귀속사업연도를 정한다.

하. 개발의 취소에 따른 손익

개발비로 계상하였으나 해당 제품의 판매나 사용이 가능한 시점이 도래하기 전에 개발을 취소한 경우에는 다음의 요건을 모두 충족하는 날이 속하는 사업연도의 손금에 산입한다.

- 해당 개발로부터 상업적인 생산 또는 사용을 위한 해당 재료 등 또는 용역을 개선한 결과를 식별할 수 없을 것
- 해당 개발비를 전액 손비로 계상하였을 것

개발비 : 장부에 자산으로 계상

거. 파생상품 거래손익과 리스료

계약의 목적물을 인도하지 아니하고 목적물의 가액변동에 따른 차액을 금전으로 정산하는 파생상품의 거래손익은 그 거래에서 정한 대금결제일이 속하는 사업연도의 익금과 손금으로 한다. 또한 리스이용자가 리스로 인하여 수입하거나 지급하는 리스료의 익금과 손금의 귀속사업연도는 기업회계기준으로 정하는 바에 따른다.

2. 자산 · 부채의 평가

자산 · 부채의 평가란 자산과 부채에 시장가격을 부여하거나 화폐수치로 표현하는 과정을 말한다. 자산 · 부채의 평가는 해당 금액이 미래의 익금 또는 손금에 영향을 미치게 된다는 점에서 중요한 의미가 있다.

기업회계기준에서는 취득원가를 근간으로 하면서도 자산 · 부채의 종류에 따라 공정가치, 상각후원가, 순실현가능가치, 현재가치 등의 다양한 평가방법을 인정하고 있다. 「법인세법」은 원가주의를 원칙으로 하되, 예외적으로 평가증액이나 평가감액을 허용하면서 과세소득의 조작 방지, 과세형평의 도모 및 과세소득의 계산상 미실현이익의 제거 등의 취지에서 그 적용을 엄격하게 제한하고 있다. 「법인세법」에 따른 자산 · 부채의 평가에 대해 살펴보기로 한다.

2-1 자산의 취득가액(최초인식)

가. 원 칙

(1) 매입자산

타인으로부터 매입한 자산의 취득가액은 매입가액에 부대비용을 더한 금액으로 하며, 부대비용은 취득세(농어촌특별세와 지방교육세 포함), 등록면허세, 그 밖의 부대비용을 말한다. 또한 토지와 그 토지에 정착된 건축물을 함께 취득하여 토지와 건축물의 가액의 구분이 불분명한 경우에는 시가에 비례하여 안분계산한다.

부대원가 불포함

기업회계기준에 따라 단기매매항목으로 분류된 금융자산과 파생상품은 매입가액으로 한다. 이것은 공정가치평가손익을 당기손익으로 인식하는 금융자산의 취득과 관련된 거래원가를 발생한 기간의 비용으로 처리하는 한국채택국제회계기준(K-IFRS)을 수용한 것이다.

또한 내국법인이 외국자회사〔지분비율 10%(해외자원개발사업 5%) 이상〕를 인수하여 취득한 주식 등은 해당 주식 등의 매입가액에서 외국자회사로부터 받은 수입배당금액〔내국법인이 외국자회사의 의결권 있는 발행주식총수 또는 출자총액의 10%(해외자원개발사업의 경우 5%) 이상을 최초로 보유하게 된 날의 직전일 기준 이익잉여금을 재원으로 하는 수입배당금의 익금불산입액을 말함〕을 뺀 금액으로 한다.

(2) 제조자산

자기가 제조·생산 또는 건설하거나 이에 준하는 방법으로 취득한 자산은 제작원가 또는 건설원가에 부대비용을 더한 금액으로 하며, 구체적으로 원재료비·노무비·운임·하역비·보험료·수수료·공과금(취득세와 등록면허세 포함)·설치비 기타 부대비용의 합계액을 말한다.

(3) 합병 등으로 취득한 자산

합병·분할 또는 현물출자에 따라 취득한 자산의 경우 다음의 금액을 취득가액으로 한다.

구 분	취득가액
적격합병 · 적격분할의 경우	장부가액
그 밖의 경우	해당 자산의 시가

(4) 물적분할로 분할법인이 취득하는 주식

물적분할에 따라 분할법인이 취득하는 주식은 물적분할한 순자산의 시가로 한다.

(5) 현물출자로 출자법인이 취득한 주식

현물출자에 따라 출자법인이 취득한 주식은 다음의 구분에 따른 금액을 취득가액으로 한다.

구 분	취득가액
주식만 취득하는 현물출자의 경우	현물출자한 순자산의 시가
그 밖의 경우	해당 주식 등의 시가

(6) 채무의 출자전환

채무의 출자전환에 따라 취득한 주식은 취득 당시의 시가로 한다. 다만, 「채무자 회생 및 파산에 관한 법률」의 요건을 갖춘 채무의 출자전환으로 취득한 주식은 출자전환된 채권의 장부가액으로 한다.

(7) 합병 또는 인적분할의 경우(법인주주에게 적용)

합병 또는 분할에 따라 취득한 주식은 종전의 장부가액에 합병 또는 분할로 인한 익금에 산입한 의제배당 및 부당행위계산의 유형에 해당하는 자본거래로 인하여 분여받은 이익을 더한 금액에서 합병대가 또는 분할대가 중 금전이나 그 밖의 재산가액의 합계액을 뺀 금액으로 한다.

취득가액 = 종전주식의 장부가액 + 익금산입한 의제배당 + 자본거래로 인해 분여받은 이익
－합병·분할대가 중 금전 및 재산가액(합병·분할교부금)의 합계액

(8) 공익법인이 기부받은 자산

공익법인이 특수관계인 외의 자로부터 기부받은 일반기부금에 해당하는 자산의 취득가액은 기부한 자의 기부 당시 장부가액으로 한다. 다만, 「상속세 및 증여세법」에 따라 증여세 과세가액에 산입되지 아니한 출연재산이 그 후에 과세요인이 발생하여 그 과세가액에 산입되지 않은 출연재산에 대하여 증여세의 전액이 부과되는 경우에는 기부 당시의 시가로 한다.

(9) 온실가스배출권

정부로부터 무상으로 할당받은 온실가스배출권과 대기오염물질 배출허용총량은 영(0)원으로 하고, 그 밖의 방법으로 취득한 자산의 취득가액은 취득 당시의 시가로 한다.

나. 특 례

법인이 보유하는 자산에 대하여 다음의 어느 하나에 해당하는 사유가 발생한 경우의 취득가액은 다음의 금액을 취득가액으로 한다.

① 「보험업법」이나 그 밖의 법률에 따른 유형자산 및 무형자산의 평가(증액한 경우만 해당) 또는 재고자산, 유가증권, 화폐성 외화자산·부채 및 통화 관련 파생상품에 대한 평가가 있는 경우에는 그 평가액

② 감가상각자산에 대한 자본적 지출이 있는 경우에는 그 금액을 가산한 금액

③ 합병 또는 분할합병으로 특수관계인으로부터 받은 이익이 있는 경우 그 이익을 가산한 금액

④ 「상법」(제461조의2)에 따라 자본준비금의 감액으로 배당을 받은 경우에는 그 금액을 차감한 금액(주식의 장부가액을 한도로 함)

⑤ 동일한 내국법인이 발행주식총수(또는 출자총액)를 소유하고 있는 서로 다른 법인 간에 합병으로 인하여 합병법인으로부터 취득하는 주식 등이 없는 경우 보유한 합병법인 주식의 취득가액에 대하여 소멸한 피합병법인 주식 등의 취득가액(주식 등이 아닌 합병대가가 있는 경우 해당 금액은 제외함)을 합산한 금액

【사례】 100% 출자한 법인 간 합병한 경우 주식의 취득가액 계산

제26기초에 A는 B를 흡수합병하였는데, A와 B는 ㈜세무가 각각 100% 출자한 내국법인이며, A는 ㈜세무에게 주식 등 합병대가를 지급하지 않았다. ㈜세무의 투자주식A와 B의 장부금액은 각각 600원과 400원인 경우 합병에 따른 ㈜세무의 회계처리와 투자주식A의 장부금액은?

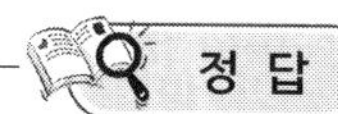

(차)	종속기업투자주식A	400	(대)	종속기업투자주식B	400

따라서 투자주식A의 장부금액은 1,000원(=600원+400원)이다.

취득가액에 포함되는 항목과 제외되는 항목을 요약하면 다음과 같다.

취득가액에 포함하는 항목
▪ 특수관계인인 개인으로부터 저가매입한 유가증권의 시가와 매입가액의 차액
▪ 건설자금에 충당한 차입금 이자
▪ 기업회계기준에 따라 국·공채의 매입가액과 현재가치의 차액을 유형자산의 취득가액으로 계상한 금액
▪ 불균등 증자·감자 거래로 인하여 특수관계인으로부터 분여받은 이익

취득가액에서 제외(불포함)하는 항목
▪ 자산을 장기할부조건으로 취득하는 경우 발생한 채무를 기업회계기준이 정하는 바에 따라 인식한 현재가치할인차금(결산조정)
▪ 연지급수입에 있어서 취득가액과 구분하여 계상한 지급이자(결산조정)
▪ 법인의 증자에서 신주의 고가인수에 의해 특수관계인인 다른 주주에게 이익을 분여한 경우의 시가 초과액(인수가액－시가)
▪ 의제매입세액과 재활용폐자원 등에 대한 매입세액

2-2 평가방법(후속측정)

가. 원 칙

법인이 보유하는 자산·부채의 장부가액을 증액 또는 감액한 경우에는 그 평가일이 속하는 사업연도와 그 후의 각 사업연도의 소득금액을 계산할 때 그 자산과 부채의 장부가액은 그 평가하기 전의 가액으로 한다.

나. 특례(증액 또는 감액)

다음의 경우에는 장부가액의 증액을 인정한다.

장부가액의 증액을 인정하는 경우
▪ 「보험업법」이나 그 밖의 법률에 따른 유형자산·무형자산의 평가(증액한 경우만 해당)
▪ 재고자산의 「법인세법」에 따른 평가증액(무신고, 임의변경의 경우)
▪ 유가증권(주식, 채권, 집합투자재산, 특별계정)의 「법인세법」에 따른 평가증액
▪ 기업회계기준에 따른 화폐성 외화자산과 부채 평가이익
▪ 금융회사가 보유하는 통화 관련 파생상품(통화선도, 통화스왑, 환변동보험) 평가이익
▪ 일반법인(금융회사 외)이 화폐성 외화자산·부채의 환위험 회피 통화선도 등 평가이익

2-3 평가감액을 인정하는 경우

다음의 하나에 해당하는 경우에는 자산의 장부가액을 해당 감액사유가 발생한 사업연도에 다음 각각의 평가액으로 감액할 수 있다. 다만, 그 감액한 금액은 해당 사업연도의 손비로 계상하여야 한다.

결산조정

① 저가법에 따라 재고자산을 평가하는 경우 그 평가액
② 파손·부패로 정상가격으로 판매할 수 없는 재고자산 :
사업연도 종료일 현재 처분가능한 시가
③ 다음의 사유로 인하여 파손 또는 멸실된 유형자산 : 사업연도 종료일 현재 시가

- 천재지변·화재
- 법령에 의한 수용
- 채굴예정량의 채진으로 인한 폐광(토지를 포함한 광업용 유형자산이 고유목적에 사용될 수 없는 경우 포함)

④ 다음의 주식이 발행법인의 부도, 회생계획인가의 결정, 부실징후기업이 된 경우 :
평가감 한도 Max(발행법인별 보유주식총액의 사업연도 종료일 현재 시가, 1,000원)

- 주권상장법인이 발행한 주식
- 벤처투자회사와 신기술사업금융업자의 보유주식 중 창업자와 신기술사업자가 발행한 주식
- 특수관계에 있지 아니한 비상장법인이 발행한 주식

⑤ 주식발행법인이 파산한 경우 : 평가감 한도 Max(사업연도 종료일 현재 시가, 1,000원)
⑥ 시설 개체 또는 기술 낙후로 생산설비를 폐기한 경우 : Min(취득가액 × 5%, 1,000원)
⑦ 유가증권(주식, 채권, 집합투자재산, 특별계정)의 「법인세법」에 따른 평가손실
⑧ 기업회계기준에 따른 화폐성 외화자산·부채 평가손실
⑨ 금융회사가 보유하는 통화 관련 파생상품(통화선도, 통화스왑, 환변동보험)의 평가손실
⑩ 일반법인이 화폐성 외화자산·부채의 환위험 회피 통화선도 등 평가손실

3. 재고자산의 평가

재고자산은 법인의 자산 중 그 비중이 크고 매출원가(손금)에 영향을 미치기 때문에 재고자산의 평가는 중요한 의미를 갖는다. 재고자산이란 다음에 해당하는 것을 말한다.

- 제품 및 상품(부동산매매업자의 매매목적용 부동산 포함, 유가증권 제외)
- 반제품 및 재공품
- 원재료
- 저장품

3-1 재고자산의 평가

「법인세법」에 따른 재고자산의 방법은 원가법과 저가법의 2가지이다.

가. 원가법

다음의 하나에 해당하는 방법에 의해 산출한 취득가액을 평가액으로 하는 방법을 말한다.

구 분	평가내용
개별법	재고자산을 개별적으로 각각 그 취득한 가액에 따라 산출한 것을 그 자산의 평가액으로 하는 방법
선입선출법	먼저 입고된 것부터 출고되고 그 재고자산은 사업연도 종료일부터 가장 가까운 날에 취득한 것이 재고로 되어 있는 것으로 하여 산출한 취득가액을 그 자산의 평가액으로 하는 방법
후입선출법	가장 가까운 날에 입고된 것부터 출고되고 그 재고자산은 사업연도 종료일부터 가장 먼 날에 취득한 것이 재고로 되어 있는 것으로 하여 산출한 취득가액을 그 자산의 평가액으로 하는 방법
총평균법	자산을 품종별·종목별로 당해 사업연도 개시일 현재의 자산에 대한 취득가액의 합계액과 당해 사업연도 중에 취득한 자산의 취득가액의 합계액의 총액을 그 자산의 총수량으로 나눈 평균단가에 따라 산출한 취득가액을 그 자산의 평가액으로 하는 방법
이동평균법	자산을 취득할 때마다 장부시재금액을 장부시재수량으로 나누어 평균단가를 산출하고 평균단가에 의하여 산출한 취득가액을 그 자산의 평가액으로 하는 방법
매출가격환원법	재고자산을 품종별로 당해 사업연도 종료일에 있어서 판매될 예정가격에서 판매예정차익금을 공제하여 산출한 취득가액을 그 자산의 평가액으로 하는 방법* * 판매예정차익이 발생되는 경우 판매예정가액에서 그 차익을 공제하여 취득가액을 계산하고, 판매예정차손이 발생되는 경우 판매예정가액을 취득가액〔Min(판매예정가액－예정차익, 판매예정가액)〕으로 본다.

나. 저가법

재고자산을 원가법과 기업회계기준이 정하는 바에 따라 시가로 평가한 가액 중 낮은 편의 가액을 평가액으로 하는 방법이다. 저가법의 적용에 따라 발생하는 평가손실은 손금에 산입한다. 다만, 저가법은 재고자산의 평가방법을 저가법으로 신고한 경우에 한하여 적용할 수 있으며, 원가법으로 신고한 경우에는 저가법을 적용할 수 없음에 유의하여야 한다.

3-2 평가방법의 적용

재고자산의 평가에 있어서 해당 자산을 자산별로 구분하여 종류별・영업장별로 각각 다른 방법에 의하여 평가할 수 있다. 또한 재고자산은 월별・분기별 또는 반기별로 평가할 수도 있는데, 이 경우에는 전월・전분기 또는 전반기와 동일한 평가방법에 의하여야 한다.

3-3 평가방법의 신고 및 변경신고

가. 신 고

법인은 각 사업연도의 소득금액을 계산할 때 적용할 재고자산 평가방법(원가법, 저가법)을 과세표준 신고기한까지 세무서장에게 신고(국세정보통신망에 의한 제출 포함)하여야 한다.

나. 변경신고

재고자산평가방법을 신고한 법인이 그 평가방법을 변경하고자 하는 때에는 변경할 평가방법을 적용하고자 하는 사업연도의 종료일 이전 3월이 되는 날까지 변경신고를 하여야 한다.

다. 무신고 또는 임의변경시 평가

법인이 법정기한 내에 재고자산의 평가방법을 신고하지 않거나 또는 임의변경한 경우에는 다음과 같이 평가한다. 임의변경이란 신고한 평가방법 외의 방법으로 평가하거나 법정기한 내에 변경신고를 하지 않고 그 방법을 변경한 경우를 말한다.

(1) 무신고의 경우

재고자산평가방법을 신고하지 않은 경우에는 선입선출법(매매용 부동산은 개별법)에 의해 재고자산을 평가한다.

선입선출법과 비교

(2) 임의변경의 경우

재고자산평가방법을 임의변경한 경우에는 선입선출법(매매용 부동산은 개별법)에 의한 평가금액과 신고한 방법에 의한 평가금액 중 큰 금액으로 한다.

임의변경의 평가액 = Max(선입선출법에 의한 평가액, 신고한 방법에 의한 평가액)

(3) 법정기한 경과 후 신고한 경우

재고자산의 평가방법을 법정기한이 경과된 후에 신고한 경우에는 그 신고일이 속하는 사업연도까지는 임의변경으로 보아 임의변경시의 평가규정을 준용하고, 그 후의 사업연도부터는 법인이 신고한 평가방법에 의하여 평가한다.

- 신고일이 속하는 연도 : 임의변경의 평가방법
- 다음 사업연도 : 변경신고한 방법

3-4 재고자산평가손익 결산조정

재고자산의 평가는 원가법 또는 저가법에 의하여야 하므로 시가법에 의한 평가는 인정하지 않는다. 다만, 다음의 재고자산 평가손실은 장부에 반영하는 경우에 한해 손금에 산입한다.

- 저가법에 의한 평가손실(저가법 신고, 결산조정)

재고자산평가방법을 저가법으로 신고하고 이에 따라 발생하는 평가손실은 손금에 산입한다. 유행의 경과로 인해 평가손실이 발생한 경우에도 저가법으로 신고한 경우에 한해 손금에 산입할 수 있다.

- 파손품에 대한 평가손실(결산조정)

파손·부패 등의 사유로 정상가격으로 판매할 수 없는 것은 장부가액을 사업연도 종료일 현재의 처분가능한 시가로 평가할 수 있다. 이 경우에 발생하는 평가손실은 장부에 계상한 경우에 한해 손금에 산입할 수 있다.

3-5 세무조정

재고자산에 대한 세무조정은 유형자산의 경우처럼 개별자산별로 하는 것이 아니라 신고한 단위별로 수행한다. 또한 특정 사업연도에 수행한 세무조정은 그 다음 사업연도에 반대의 세무조정을 하여야 한다.

- 과소평가(재고자산평가감)

장부상 평가액이 「법인세법」상 평가액보다 적은 경우를 말하며, 이 경우 매출원가가 과다계상된다. 따라서 그 차액을 익금산입(유보)한다. 또한 다음 사업연도에는 즉시 반대의 세무조정(손금산입, △유보)을 수행한다.

▪ 과다평가(재고자산평가증)

장부상 평가액이 「법인세법」상 평가액보다 큰 경우를 말하며, 이 경우 매출원가가 과소계상된다. 따라서 그 차액을 손금산입(△유보)하며, 그 다음 사업연도에는 즉시 반대의 세무조정(익금산입, 유보)을 수행한다.

4. 유가증권의 평가

4-1 원 칙

유가증권이란 주식, 채권, 집합투자재산 및 특별계정에 속하는 자산을 말한다. 유가증권은 원칙적으로 원가법에 의해 평가하는데, 그 평가방법은 다음과 같다.

구 분	평가방법
주식(또는 출자지분)	총평균법 또는 이동평균법 중 택일
채권	개별법, 총평균법 또는 이동평균법 중 택일

유가증권은 원가법으로 평가하므로 시가가 변동되는 경우에도 평가손익을 인식하지 않고, 유가증권에서 발생하는 배당금과 이자를 수익으로 처리한다. 따라서 회계상 공정가치법, 상각후 원가법, 지분법으로 회계처리한 경우에는 원가법과의 차이에 대하여 세무조정해야 한다.

4-2 특 례

가. 손상차손을 인정하는 경우

주권상장법인이 발행한 주식, 벤처투자회사 또는 신기술사업금융업자가 보유하는 주식 중 각각 창업자 또는 신기술사업자가 발행한 주식, 특수관계가 없는 비상장법인(비상장법인의 주식 5% 이하를 소유하고 그 취득가액이 10억원 이하인 소액주주는 특수관계에서 제외)이 발행한 주식이 그 발행법인의 부도, 회생계획인가의 결정, 부실징후기업이 된 경우 발생하는 손상차손은 손금에 산입할 수 있으며, 이 경우 그 평가금액은 Max(시가, 1,000원)로 한다.

- 평가손실을 장부상 계상할 것 : 결산조정
- 주식총액을 시가 평가할 것 : Max(발행법인별 보유주식 총액의 시가 평가액, 1,000원)

나. 시가 평가하는 경우

투자회사 등이 보유한 집합투자재산은 시가법으로 평가한다. 다만, 환매금지형 집합투자기구의 시장성 없는 자산과 보험회사의 특별계정에 속하는 자산은 개별법, 총평균법, 이동평균법 또는 시가법 중 신고한 방법에 따라 평가하되, 이를 이후에도 계속 적용하여야 한다.

4-3 평가방법의 신고 및 변경신고

유가증권 평가방법의 신고 및 변경신고는 "재고자산"의 경우를 준용한다.

4-4 무신고 또는 임의변경시 평가

선입선출법 대신 총평균법 적용

재고자산에서 무신고 또는 임의변경시 적용한 선입선출법 대신 총평균법을 적용하는 것 외에는 "재고자산"의 경우를 준용한다. 따라서 무신고의 경우 총평균법, 임의변경의 경우 당초 신고한 방법에 의한 평가금액과 총평균법에 의해 평가한 금액 중 큰 금액으로 평가한다.

5. 외화자산 및 부채의 평가

법인이 보유하는 외화자산 및 부채는 특정 화폐단위로 측정·보고하여야 하는데, 이 경우 사용되는 화폐단위를 보고통화라고 한다. 내국법인의 경우에는 원화가 보고통화가 된다.

「법인세법」에서는 화폐성 외화자산·부채와 통화선도 등 통화 관련 파생상품의 평가손익을 당기손익으로 인정하고 있다. 외화란 기능통화 외의 통화를 말한다.

5-1 외화자산 및 부채의 적용 환율

가. 금융회사

구 분	적용 환율	
화폐성 외화자산·부채	사업연도 종료일 현재 (재정된)매매기준율 ➡ (강제)	
통화선도·통화스왑·환변동보험(통화선도 등)	신고한 방법	① 계약체결일 현재 (재정된)매매기준율
		② 사업연도 종료일 현재 (재정된)매매기준율
	*②를 신고하기 전까지 ①을 먼저 적용함.	

나. 비금융회사 환위험회피용

구 분	적용 환율	
화폐성 외화자산·부채와 환위험 회피용 통화선도 등	신고한 방법	① 취득(발생)일 또는 계약체결일 현재 (재정된)매매기준율
		② 사업연도 종료일 현재 (재정된)매매기준율
	*②를 신고하기 전까지 ①을 먼저 적용함.	

5-2 평가손익의 처리

가. 원칙(결산조정)

화폐성 외화자산·부채, 통화선도 등 및 환위험 회피용 통화선도 등을 「법인세법」에 따라 평가한 원화금액과 장부금액의 차익(차손)은 해당 사업연도의 익금(손금)에 산입한다.

나. 예외(강제조정)

평가손익을 장부에 계상하지 아니한 경우 신고조정에 의해 익금 또는 손금에 산입한다.

5-3 상환손익의 처리

법인이 상환받거나 상환하는 외화채권·채무의 원화금액과 원화기장액의 차익 또는 차손은 해당 사업연도의 익금 또는 손금에 산입한다.

6. 가상자산의 평가

가상자산이란 경제적 가치를 지닌 것으로서 전자적으로 거래 또는 이전될 수 있는 전자적 증표(그에 관한 일체의 권리를 포함한다)를 말한다. 「특정 금융거래정보의 보고 및 이용 등에 관한 법률」에 따른 가상자산은 선입선출법(2027.1.1 이후 거래하는 경우는 총평균법 적용)에 따라 평가한다.

제 7 장

합병 및 분할 특례

합병 및 분할은 대표적인 구조조정수단이다. 합병이나 분할도 일반적인 거래와 같이 자산 또는 부채의 이전으로 인해 이익이 발생하는데, 그 이익에 대해 과세하는 경우에는 법인의 구조조정이 지장을 받게 된다. 이에 합병 및 분할이 「법인세법」에 정한 요건을 충족하는 경우 특례를 인정하고 있다. 이 장에서는 대표적인 내용만 살펴보기로 한다.

1. 합병과세체계

법인의 합병에 따라 발생하는 법인세 과세체계와 합병 당사자별 과세내용은 다음과 같다.

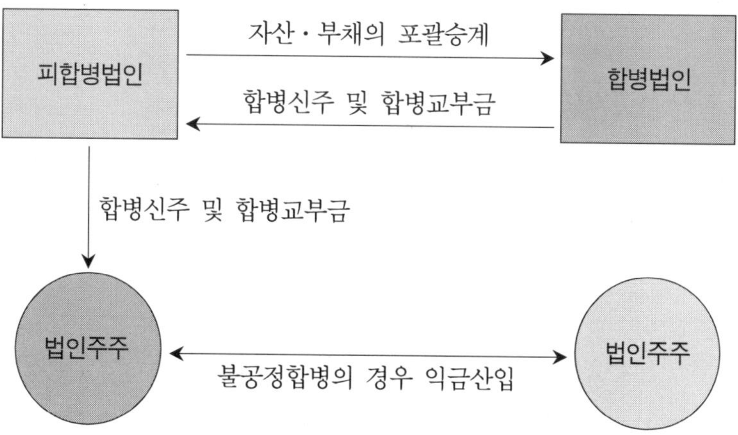

법인의 합병에 따른 합병당사자별 법인세의 과세내용을 요약하면 다음과 같다.

구 분	법인세 과세내용
합병법인	▪ 합병매수차익 · 합병매수차손의 과세 ▪ 자기주식처분이익의 과세 ▪ 자산 · 부채의 승계방법과 승계가액의 결정 ▪ 자산조정계정의 설정 및 과세이연 ▪ 이월결손금 및 세무조정사항의 승계
피합병법인	▪ 의제사업연도의 법인세 신고 ▪ 자산의 양도손익에 대한 법인세 과세
합병법인의 법인주주	▪ 불공정합병에 의한 익금산입 또는 부당행위계산의 부인 ▪ 합병매수차익의 자본전입에 따른 의제배당의 법인세 과세
피합병법인의 법인주주	▪ 합병에 따른 의제배당에 대한 법인세 과세 ▪ 불공정합병에 의한 익금산입 또는 부당행위계산의 부인 ▪ 합병매수차익의 자본전입에 의한 의제배당의 법인세 과세

2. 피합병법인에 대한 과세

2-1 개 요

합병으로 소멸하는 피합병법인은 자산의 양도소득이 발생하기 때문에 법인세를 부담하게 된다. 이에 적격합병의 경우에는 합병대가를 피합병법인의 순자산 장부가액으로 계산하여 자산의 양도소득이 발생하지 않게 하고, 비적격합병의 경우에는 합병대가를 양도가액(시가)으로 계산하여 자산의 양도소득에 대한 법인세를 부담하도록 하였다.

2-2 자산양도손익의 계산

피합병법인이 합병으로 해산하는 경우 그 법인의 자산을 합병법인에 양도한 것으로 본다. 이 경우 양도에 따라 발생하는 양도손익은 피합병법인이 합병등기일이 속하는 사업연도의 소득금액을 계산할 때 익금 또는 손금에 산입한다. 양도손익은 다음과 같이 계산한다.

양도손익 = 피합병법인이 합병법인으로부터 받은 양도가액* − 순자산 장부가액

* 적격합병의 요건을 충족한 경우에는 순자산 장부가액, 기타의 경우에는 합병대가인 시가로 함.

3. 합병법인에 대한 과세

3-1 비적격합병의 경우

법인의 합병에서 합병법인은 피합병법인으로부터 승계한 자산 가액의 결정, 피합병법인의 세무조정사항 승계, 합병매수차익과 합병매수차손에 대한 처리문제가 발생한다. 이에 대한 내용을 살펴보기로 한다.

가. 자산 및 세무조정사항의 승계

합병법인이 합병으로 피합병법인의 자산을 승계한 경우에는 그 자산을 피합병법인으로부터 합병등기일 현재의 시가로 양도받은 것으로 본다. 또한 피합병법인의 세무조정사항 및 그 밖의 자산·부채는 법령에 정한 것만 합병법인이 승계할 수 있다.

구 분	승계 가능 항목
적격합병	세무조정사항은 모두 합병법인에 승계
그 밖의 경우	퇴직급여충당금 또는 대손충당금을 합병법인이 승계한 경우 그와 관련된 세무조정사항을 승계하고, 그 밖의 세무조정사항은 모두 합병법인에 미승계

비적격합병

나. 합병매수차익

합병법인이 피합병법인의 자산을 시가로 양도받은 것으로 보는 경우 피합병법인에 지급한 양도가액이 피합병법인의 합병등기일 현재의 자산총액에서 부채총액을 뺀 금액(순자산시가)보다 적은 경우에는 그 차액(합병매수차익)을 세무조정계산서에 계상하고 합병등기일부터 5년간 균등하게 나누어 익금에 산입한다. 이때 월수는 역에 따라 계산하되 1월 미만의 일수는 1월로 하고, 합병등기일이 속한 월을 1월로 계산한 경우에는 합병등기일부터 5년이 되는 날이 속한 월은 계산에서 제외한다.

$$\text{익금에 산입할 금액} = \text{합병매수차익} \times \frac{\text{해당 사업연도의 월수}}{60\text{월}}$$

비적격합병

다. 합병매수차손

합병법인이 피합병법인의 자산을 시가로 양도받은 것으로 보는 경우 피합병법인에 지급한 양도가액이 합병등기일 현재의 순자산시가를 초과하는 경우로서 합병법인이 피합병법인의 상호·거래관계, 영업상의 비밀에 대해 사업상 가치가 있다고 보아 대가를 지급한 경우에는 그 차액(합병매수차손)을 세무조정계산서에 계상하고 합병등기일부터 5년간 균등하게 나누어 손금에 산입한다.

$$\text{손금에 산입할 금액} = \text{합병매수차손} \times \frac{\text{해당 사업연도의 월수}}{60\text{월}}$$

3-2 적격합병의 경우

적격합병에 따라 피합병법인의 양도손익이 없게 한 경우 합병법인은 피합병법인의 자산을 장부가액으로 양수한 것으로 본다. 이 경우 자산의 장부가액과 시가의 차액, 피합병법인의 결손금과 세무조정사항의 승계 등의 처리문제가 발생하는데, 이에 대해 살펴보기로 하자.

가. 장부가액과 시가의 차액

합병법인이 피합병법인의 자산을 장부가액으로 양수한 경우 피합병법인의 양도손익은 0이 된다. 이때 회계처리는 양수한 자산과 부채의 가액을 합병등기일 현재의 시가로 계상하되, 시가에서 장부가액을 뺀 금액이 0보다 큰 경우에는 그 차액을 익금에 산입하고 이에 상당하는 금액을 자산조정계정으로 손금에 산입하며, 0보다 작은 경우에는 장부가액과 시가의 차액을 손금에 산입하고 이에 상당하는 금액을 자산조정계정으로 익금에 산입한다. 이 경우 계상한 자산조정계정은 다음과 같이 처리한다.

적격합병 : 자산조정계정

구 분	익금 및 손금산입방법
감가상각자산	▪ 자산조정계정으로 손금에 산입한 경우 해당 자산의 감가상각비(해당 자산조정계정에 상당하는 부분에 대한 것만 해당)와 상계함 ▪ 자산조정계정으로 익금에 산입한 경우 감가상각비에 가산하고, 해당 자산을 처분하는 경우에는 상계 또는 더하고 남은 금액을 처분하는 사업연도에 전액 익금 또는 손금에 산입함
그 밖의 자산	▪ 해당 자산을 처분하는 사업연도에 전액 익금 또는 손금에 산입함

나. 결손금과 세무조정사항의 승계

적격합병의 경우 합병법인은 피합병법인의 결손금, 세무조정사항, 감면 및 세액공제사항을 승계할 수 있다. 이 경우 합병법인은 피합병법인의 결손금을 피합병법인으로부터 승계받은 사업에서 발생한 소득금액의 범위에서 각 사업연도의 과세표준을 계산할 때 공제한다. 또한 감면 또는 세액공제를 승계하는 경우에도 합병법인이 그 요건을 모두 갖춘 경우에만 이를 적용한다. 한편, 적격합병의 경우에는 합병법인이 피합병법인의 모든 세무조정사항을 승계할 수 있음은 앞에서 살펴본 바와 같다.

【사례】 합병과세특례

㈜필사는 제26기(2026.1.1~12.31) 11월 10일에 ㈜즉생을 흡수합병하였으며, 합병 관련 자료는 다음과 같다.

(1) 합병시점 ㈜즉생의 재무상태표

재무상태표

2026.11.10 현재 (단위 : 원)

차변	금액	대변	금액
상 품	10,000,000	장기차입부채	12,000,000
토 지	20,000,000	자 본 금	20,000,000
기 계	30,000,000	주식발행초과금	20,000,000
		이익잉여금	8,000,000
합 계	60,000,000	합 계	60,000,000

(2) ㈜필사는 ㈜즉생의 자산을 시가로 평가하여 승계하였으며, ㈜즉생의 주주에게 ㈜필사의 보통주 2,000주(주당 액면 5,000원, 시가 30,000원)를 지분비율에 따라 배정하고 한국채택국제회계기준(K-IFRS)에 따라 다음과 같이 회계처리하였다.

(차)	상 품	10,000,000	(대)	장기차입부채	12,000,000
	토 지	30,000,000		자 본 금	10,000,000
	기 계	50,000,000		주식발행초과금	50,000,000
	염가매수차익	18,000,000			

(3) ㈜필사는 승계받은 사업을 계속 영위하고 있으며, ㈜즉생의 주주 나세리(지분율 60%)는 2026년말까지 ㈜필사로부터 받은 주식을 모두 보유 중이다.

(4) 합병시 승계한 기계에 대한 감가상각비 계상액(손금시인액) 중 자산조정계정에 상당하는 금액은 500,000원이다.

• 요구사항 •

(1) 적격합병요건을 충족하는 것으로 가정하고 다음 물음에 답하시오.
 ① ㈜즉생의 자산양도손익 계산
 ② 나세리의 의제배당을 계산(나세리는 ㈜즉생의 주식을 20,000,000원에 취득함)
 ③ ㈜필사의 합병 관련 세무조정
(2) 비적격합병의 경우 ㈜즉생의 양도손익 및 ㈜필사의 제26기 합병 관련 세무조정

정 답

(1) 적격합병요건을 충족한 경우
 ① ㈜즉생의 자산양도손익
  양도손익=양도가액−순자산장부금액=48,000,000원*)−(60,000,000원−12,000,000원)=0
  *) 적격합병이므로 순자산의 장부금액으로 평가함.

 ② 나세리의 의제배당
  의제배당액=합병대가−구주식의 취득가액= 20,000,000원*)−20,000,000원=0
  *) 적격합병이므로 구주식의 장부금액으로 평가함.

 ③ ㈜필사의 합병 관련 세무조정

* 손금산입 및 익금불산입	
▪ 자산조정계정(토지)	10,000,000원(△유보)
▪ 자산조정계정(기계)	20,000,000원(△유보)
*** 익금산입 및 손금불산입**	
▪ 주식발행초과금	12,000,000원(기타)
▪ 자산조정계정(기계)의 상계	500,000원(유보)

(2) 비적격합병의 경우
 ① ㈜즉생의 자산양도손익
  자산양도손익=60,000,000원−(60,000,000원−12,000,000원)=12,000,000원

② ㈜필사의 합병 관련 세무조정

● 손금산입 및 익금불산입	
▪ 합병매수차익	18,000,000원(기타)
● 익금산입 및 손금불산입	
▪ 합병매수차익의 환입	600,000원(기타)
*) 18,000,000원 × 2개월/60개월=600,000원	

제 8 장

부당행위계산의 부인

1. 개 념

부당행위계산의 부인이란 내국법인이 그 특수관계인과의 거래에서 법인의 행위 또는 소득금액의 계산이 법인의 소득에 대한 조세 부담을 부당히 감소시킨 것으로 인정되는 경우에는 그 행위 또는 소득금액의 계산에 불구하고 세무서장 또는 관할지방국세청장이 소득금액을 재계산하는 것을 말한다. 부당행위계산의 부인은 실질과세에 근거를 둔 것으로 법 형식의 남용에 의한 조세회피를 방지하고 과세형평을 구현하기 위한 것이다.

2. 적용요건 및 부인의 효과

2-1 적용요건

부당행위계산의 부인은 국내에 납세의무가 있는 모든 법인에게 적용된다. 따라서 국내에서 원천적으로 납세의무가 없는 외국법인이나 수익사업 외의 고유목적사업을 영위하는 비영리법인은 부당행위계산의 부인을 적용하지 않는다. 부당행위계산 부인의 적용요건을 요약하면 다음과 같다.

부당행위계산 부인의 적용요건
▪ 소득금액의 계산이 부당하여야 하며, 부당성은 시가를 기준으로 판단한다. ▪ 국내 특수관계인과의 거래에 한정하여 적용한다. ▪ 법인세의 부담을 부당하게 감소시킨 것으로 인정되어야 한다.

2-2 부인의 효과

가. 소득금액의 재계산

법인의 행위 또는 소득금액의 계산이 부당한 것으로 인정되는 경우에는 시가와의 차액을 익금산입하거나 손금불산입하여 소득금액을 재계산한다. 이 경우 시가는 경제적 합리성의 판단기준이 된다. 부당행위계산의 부인은 소득금액의 재계산에 국한되며, 당사자간에 이루어진 법률효과에는 영향을 미치지 않는다.

나. 대응조정의 배제

법인이 국외특수관계인과의 거래에서 가격을 조정하여 조세부담을 부당하게 감소시킨 경우 세무당국이 정상가격을 기준으로 소득금액을 재계산할 수 있다. 이 경우 어느 한 국가에서 행해진 1차 조정에 대응하여 상대국의 국외특수관계인이 부담한 조세를 상대국에서 조정을 허용함으로써 양국에서 행해진 과세소득의 배분에 일관성이 유지되도록 하고 있다. 그러나 국내거래의 경우 국제거래의 경우처럼 대응조정을 허용하지 않는다.

3. 특수관계인의 범위

특수관계인이란 법인과 경제적 연관관계 또는 경영지배관계 등 다음의 어느 하나의 관계에 있는 자를 말한다. 이 경우 본인도 그 특수관계인의 특수관계인으로 본다.

3-1 기본 관계자

▪ 임원의 임면권의 행사, 사업방침의 결정 등 해당 법인의 경영에 대해 사실상 영향력을 행사하고 있다고 인정되는 자(상법상 이사로 보는 자 포함)와 그 친족
▪ 소액주주 등이 아닌 주주 또는 출자자(비소액주주 등)와 그 친족
▪ 법인의 임원 · 직원 또는 비소액주주 등의 직원(비소액주주 등이 영리법인인 경우 그 임원, 비영리법인인 경우 그 이사 및 설립자) 및 이들과 생계를 함께하는 친족

▪ 법인 또는 비소액주주 등의 금전이나 그 밖의 자산에 의해 생계를 유지하는 자 및 이들과 생계를 함께하는 친족

3-2 지배적인 영향력을 행사하는 법인

▪ 제1유형

해당 법인이 직접 또는 그와 기본 관계자를 통해 어느 법인의 경영에 지배적인 영향력을 행사하고 있는 경우 그 법인

▪ 제2유형

해당 법인이 직접 또는 그와 기본 관계자 및 제1유형을 통해 어느 법인의 경영에 지배적인 영향력을 행사하고 있는 경우 그 법인

지배적인 영향력의 행사 여부는 다음의 요건을 충족하는 경우 해당 법인의 경영에 대하여 지배적인 영향력을 행사하고 있는 것으로 본다.

구 분	내 용
영리법인인 경우	▪ 법인의 발행주식총수 또는 출자총액의 30% 이상을 출자한 경우 ▪ 임원의 임면권의 행사, 사업방침의 결정 등 법인의 경영에 대해 사실상 영향력을 행사하고 있다고 인정되는 경우
비영리법인인 경우	▪ 법인의 이사의 과반수를 차지하는 경우 ▪ 법인의 출연재산(설립을 위한 출연재산만 해당)의 30% 이상을 출연하고 그 중 1인이 설립자인 경우

3-3 기 타

다음의 하나에 해당하는 자는 특수관계인으로 본다.

① 해당 법인에 30% 이상을 출자하고 있는 법인에 30% 이상을 출자한 법인이나 개인

② 해당 법인이 「독점규제 및 공정거래에 관한 법률」에 의한 기업집단에 속하는 법인인 경우 그 기업집단에 소속된 다른 계열회사 및 그 계열회사의 임원

4. 부당행위계산의 유형

조세의 부담을 부당하게 감소시킨 것으로 인정되는 경우란 다음의 어느 하나에 해당하는 경우를 말한다. 여기에서 Ⓐ~Ⓓ와 Ⓚ[Ⓐ~Ⓓ에 준하는 경우에 한함]는 시가와 거래가액의 차액이 3억원 이상 또는 시가의 5% 상당액 이상인 경우에 한하여 적용한다.

중요성기준

Ⓐ 자산을 고가 매입 또는 현물출자받았거나 그 자산을 과대상각한 경우

Ⓑ 자산을 무상 또는 시가보다 낮은 가액으로 양도 또는 현물출자한 경우

Ⓒ 금전, 그 밖의 자산 또는 용역을 무상 또는 시가보다 낮은 이율·요율이나 임대료로 대부하거나 제공한 경우

Ⓓ 금전, 그 밖의 자산 또는 용역을 시가보다 높은 이율·요율이나 임차료로 차용하거나 제공받은 경우

Ⓔ 무수익 자산을 매입 또는 현물출자받았거나 그 자산에 대한 비용을 부담한 경우

Ⓕ 특수관계인인 법인간 합병·분할에 있어서 불공정한 비율로 합병·분할하여 합병·분할에 따른 양도손익을 감소시킨 경우

Ⓖ 불량자산을 차환하거나 불량채권을 양수한 경우 또는 출연금을 대신 부담한 경우

Ⓗ 파생상품에 근거한 권리를 행사하지 아니하거나 그 행사기간을 조정하는 등의 방법으로 이익을 분여하는 경우

Ⓘ 불공정자본거래로 인해 주주인 법인이 특수관계인인 다른 주주에게 이익을 분여한 경우

Ⓙ 기타 자본거래인 증자·감자, 합병(분할합병을 포함)·분할, 전환사채에 의한 주식의 전환·인수·교환 등 자본거래를 통해 법인의 이익을 분여하였다고 인정되는 경우

Ⓚ 그 밖에 행위 또는 계산 및 그 외에 법인의 이익을 분여하였다고 인정되는 경우

5. 시가의 범위

시가란 건전한 사회통념 및 상관행과 특수관계인이 아닌 자간의 정상적인 거래에서 적용되거나 적용될 것으로 판단되는 가격을 말하며, 경제적 합리성의 판단기준이 된다.

5-1 원칙(시가가 분명한 경우)

시가를 적용하는 경우 해당 거래와 유사한 상황에서 해당 법인이 특수관계인 외의 불특정 다수인과 계속적으로 거래한 가격 또는 특수관계인이 아닌 제3자간에 일반적으로 거래된 가격이 있는 때에는 그 가격에 따른다.

다만, 주권상장법인이 발행한 주식을 다음의 어느 하나에 해당하는 방법으로 거래한 경우 해당 주식의 시가는 그 거래일의 거래소 최종시세가액으로 하며, 사실상 경영권의 이전이 수반되는 경우(3년 연속 결손금이 있는 법인의 주식 등은 제외, 「상속세 및 증여세법 시행령」 53 ⑧ 참조)에는 「상속세 및 증여세법」을 준용하여 그 가액의 20%를 가산한다.

- 「자본시장과 금융투자업에 관한 법률」에 따른 증권시장 외에서 거래하는 방법
- 거래소의 증권시장업무규정에 정한 요건을 충족하는 경우에 한정하여 성립하는 대량 매매방법

5-2 예외(시가가 불분명한 경우)

가. 일반적인 경우

시가가 불분명한 경우에는 다음을 차례로 적용하여 계산한 금액을 시가로 본다.

- 1순위 : 감정평가법인이 감정한 가액이 있는 경우 그 가액(감정가액이 2 이상인 경우 그 감정한 가액의 평균액). 다만, 주식 및 가상자산은 제외함.
- 2순위 : 「상속세 및 증여세법」 및 「조세특례제한법」을 준용하여 평가한 가액

나. 기타자산의 임대차의 경우

유형 또는 무형의 자산을 제공하거나 제공받는 경우에는 다음의 금액을 시가로 본다.

시가 = (당해 자산의 시가 × 50% − 수령한 전세금 · 보증금) × 정기예금이자율

5-3 금전의 대여 또는 차용의 경우

가. 원칙(가중평균차입이자율)

금전 대여 또는 차용의 경우 시가는 가중평균차입이자율로 한다. 가중평균차입이자율이란 자금을 대여한 법인의 대여시점 현재 각각의 차입금 잔액에 차입 당시의 각각의 이자율을 곱한 금액의 합계액을 해당 차입금 잔액의 총액으로 나눈 비율을 말한다. 이 경우 산출된 비율과 대여금리가 해당 대여시점 현재 자금을 차입한 법인의 각각의 차입금 잔액에 차입 당시의 각각의 이자율을 곱한 금액의 합계액을 해당 차입금 잔액의 총액으로 나눈 비율보다 높은 때에는 해당 사업연도의 가중평균차입이자율이 없는 것으로 본다.

$$\text{가중평균차입이자율} = \frac{\sum \text{대여시점의 각 차입금 잔액} \times \text{차입 당시의 각 이자율}}{\sum \text{해당 각 차입금 잔액}}$$

나. 특례(당좌대출이자율)

다음의 경우에는 당좌대출이자율(재정경제부령으로 정함)을 시가로 한다.

- 가중평균차입이자율의 적용이 불가능한 경우
  (가) 특수관계인이 아닌 자로부터 차입한 금액이 없는 경우
  (나) 차입금 전액이 채권자 불분명한 사채 또는 비실명 채권·증권으로 조달된 경우
  (다) 자금을 대여한 법인의 대여시점 현재 가중평균차입이자율이나 대여금리가 자금을 차입한 법인의 가중평균차입이자율보다 높은 경우
- 대여한 날(계약을 갱신한 경우에는 그 갱신일을 말한다)부터 해당 사업연도 종료일(해당 사업연도에 상환하는 경우는 상환일을 말한다)까지의 기간이 5년을 초과하는 대여금이 있는 경우
- 당좌대출이자율을 시가로 선택하는 경우

6. 부당행위계산 부인에 대한 세무조정

6-1 자산의 고가매입

특수관계인으로부터 자산(영업권 포함)을 시가를 초과하여 매입하는 경우에는 다음과 같이

처리한다.

가. 대금의 전부를 지급한 때

(1) 매입한 때

시가초과액은 세법상 취득가액에서 제외하므로 감액해야 한다. 따라서 이를 손금산입(자산감액 △유보)한다. 또한 이 손금산입액은 부당행위계산의 부인에 해당하므로 익금산입하고, 대금이 사외로 유출되었기 때문에 귀속자에 따라 소득처분한다.

(2) 감가상각한 때

시가초과액에 대한 감가상각비를 손금불산입(유보)하여 매입시 계상한 △유보와 상계한다.

$$\text{시가초과액에 대한 감가상각비} = \text{회사 계상 감가상각비} \times \frac{\text{시가초과액의 부인액의 잔액}}{\text{당해 연도 감가상각 전의 잔액}}$$

(3) 처분한 때

처분한 자산의 장부가액에 포함되어 있는 시가초과액(손금)을 손금불산입(유보)하여 매입시 계상한 △유보와 상쇄시킨다.

나. 대금의 일부를 미지급한 때

(1) 매입한 때

시가초과액을 취득가액에서 제외하는 것은 대금의 전부를 지급하는 경우와 같으므로 손금산입(△유보)하고, 동 금액 중 미지급한 금액은 이를 부인하여 익금산입(유보)하고, 지급한 금액은 부당행위계산 부인액이므로 익금산입(상여 등)한다. 구체적으로 다음과 같이 처리한다.

구 분	처리방법
사외유출액	대금 중 사외유출된 익금산입액은 귀속자에 따라 처분한다.
미지급금액	대금의 일부 또는 전부가 미지급되어 사외유출되지 않고 장부상 미지급금으로 계상된 경우에는 부당행위계산의 부인액이 부채에도 포함된다. 따라서 자산의 감액분을 익금산입하면 동시에 미지급금에 포함된 부당행위계산의 부인액을 익금산입하고 유보처분하는 결과를 초래하여 부당행위계산의 부인과 부채의 조정이 한 번에 이루어진다.

(2) 감가상각 또는 처분한 때

대금의 전부를 지급한 경우와 동일하다.

(3) 대금 지급한 때

지급한 대금을 먼저 손금산입(△유보)하여 매입시 계상한 유보액과 상쇄시키고, 이 손금 중 부당행위계산의 부인액(시가초과액)은 사외유출되었으므로 귀속자에 따라 소득처분한다. 한편, 매입대금을 분할지급하는 경우에는 시가 상당액을 먼저 지급한 것으로 본다.

6-2 자산의 저가양도

자산을 무상 또는 저가로 양도하거나 현물출자한 경우에는 시가대로 양도 또는 현물출자한 것으로 보아 시가와 양도가액의 차액, 즉 시가 미달액이 바로 이익의 분여이므로 동 미달액을 익금산입하고 사외로 유출되었기 때문에 그 귀속자에 따라 소득처분한다.

6-3 가지급금 인정이자

법인이 특수관계인에게 금전을 대여·차용하면서 수수한 이자상당액이 세무상 적정이자율에 의하여 계산한 이자상당액보다 작은 경우에는 두 이자상당액의 차액, 즉 자금을 정상적으로 대여할 경우에 수령할 이자상당액만큼의 기회손실을 소득금액 계산상 익금에 산입한다. 이처럼 세무상 강제로 익금에 산입되는 이자상당액을 '인정이자'라고 한다. 이때 인정이자는 법인이 장부에 이자를 수익으로 계상하였는지 여부와는 관계없이 계산한다. 즉, 법인이 특수관계인에게 금전을 무상 또는 저율 대부하여 이자수익이 이자비용에 미달하는 경우 부당행위계산의 부인대상이 된다. 부인액은 시가와 무상 또는 낮은 이율의 차액이며, 시가에 의하여 계산한 이자와 약정에 의해 받기로 한 이자와의 차액을 익금에 산입한다.

가. 가지급금의 범위

부당행위계산의 부인 규정이 적용됨으로써 인정이자의 계산대상이 되는 가지급금이란 명칭 여하에 불구하고 그 대여한 상대방이 특수관계인이면서 동시에 시가인 가중평균차입이자율보다 낮은 이율 또는 무상으로 대여한 자금을 말한다.

나. 인정이자의 계산

인정이자란 특수관계인에게 금전을 무상 또는 저율 대부하여 부당행위계산의 부인대상이 된 시가에 의해 계산한 이자와 약정에 의해 받기로 한 이자의 차액을 말하며, 다음과 같이 계산한다.

$$\text{인정이자} = \text{가지급금 적수} \times \text{가중평균차입이자율} \times \frac{1}{365} - \text{약정에 의한 이자수입}$$

【사례】 인정이자 계산

㈜세무의 제26기(2026.1.1~12.31) 인정이자를 계산하시오. 다만, 회사는 당좌대출이자율(연간 4.6%)을 선택하여 신고함.

구 분	가지급금 적수	가지급금 내용
대표이사 甲	1,500,000,000원	약정에 따른 수입이자 100,000원 전액 수령함
㈜남양	400,000,000원	당좌대출이자율로 이자를 수령함
사용인 乙	500,000,000원	무이자부 조건의 대여액임

정 답

(1) 대표이사 甲 인정이자 = 1,500,000,000원×4.6%×1/365－100,000원
= 89,041원 > 189,041원×5%(중요성기준 충족)

(2) 사용인 乙 인정이자 = 500,000,000원×4.6%×1/365
= 63,013원 > 63,013원×5%(중요성기준 충족)
합계 : 152,054원(=89,041원+63,013원)

(3) ㈜남양은 당좌대출이자율로 이자를 수령하였으므로 인정이자를 계산하지 않는다.

6-4 불공정자본거래

불공정자본거래가 발생하면 주주간에 부의 이전을 초래하는데, 이 경우 주주는 이익을 제공한 분여주주(손실발생주주)와 이익을 받은 수혜주주(소득발생주주)로 구분할 수 있다. 따라서 과세의 요점은 이익을 분여한 손실발생주주에게는 부당행위계산의 부인이 적용되며, 소득발생주주에게는 소득에 대한 과세가 수반된다.

현행 세법상 각 당사자별 과세내용을 요약하면 다음과 같다.

특수관계에 있는 경우(증여는 특수관계 여부에 관계없이 적용함)			
이익을 제공한 주주(손실발생주주)		이익을 받은 주주(소득발생주주)	
구 분	과세내용	구 분	과세내용
개인주주	납세의무 없음	영리법인	분여받은 이익을 익금산입(유보)
		개인・비영리법인	증여(증여세 과세)
법인주주	부당행위계산의 부인	영리법인	분여받은 이익을 익금산입(유보)
		개인・비영리법인	증여(증여세 과세)

가. 불공정합병

특수관계에 있는 법인간 합병으로 영리법인이 불공정합병을 통하여 특수관계인에게 현저한 이익을 분여한 경우에 부당행위계산의 부인 규정을 적용한다.

(1) 현저한 이익

현저한 이익을 제공한 경우란 다음 중의 하나가 발생한 경우를 말한다.

① 평가차액의 비율이 30% 이상

현저한 이익 = 〔(가) − (나)〕 ÷ (가) ≥ 30%

(가) : 합병후 신설 또는 존속법인의 1주당 평가액*1)

(나) : 주가가 과대평가된 합병당사법인*2)의 합병 후 1주당 평가가액

$$= \text{주가과대평가 합병당사법인의 (합병전) 1주당 평가가액} \times \left(\frac{\text{주가과대평가된 합병당사법인의 합병전 주식수}}{\text{주가과대평가된 합병당사법인의 합병후 주식수}} = \text{실제 합병비율} \right)$$

*1) 합병당사법인의 합병 직전 (총)주식가액의 합계액 ÷ 합병후 신설 또는 존속법인의 주식수. 단, 합병후 신설 또는 존속법인이 주권상장법인의 경우 상장주식의 평가 규정에 의한 평가액과 해당 평가액 중 적은 가액으로 함.

*2) 합병으로 인하여 소멸・흡수되는 법인 또는 신설・존속하는 법인을 말한다.

② 분여받은 이익이 3억원 이상

현저한 이익 = 분여받은 이익 Ⓐ 또는 Ⓑ ≥ 30%

Ⓐ = 주당평가차액〔(가)−(나)〕× 주가가 과대평가된 합병당사법인의 특수관계인의 합병후 주식수

Ⓑ = 〔Min(액면가액, 합병대가)−합병당사법인의 (합병전) 1주당 평가가액〕
×합병당사법인의 특수관계인의 합병후 주식수

(2) 이익분여액 : 부당행위계산의 부인액

해당 법인이 불공정합병으로 인해 특수관계인인 주주(법인 또는 개인)에게 제공한 이익분여액은 다음과 같이 계산하며, 이 금액을 익금산입하고 귀속유형에 따라 소득처분한다.

$$\text{이익분여액} = [(\text{가}) - (\text{나})] \times \text{총교부주식수} \times \frac{\text{이익제공법인의}}{\text{지분율}} \times \frac{\text{소득발생주주(개인·법인)의}}{\text{지분율}}$$

나. 불균등증자

지분율에 따라 유상증자하면 자본거래 전후 주주의 가치는 동일하다. 그러나 유상증자 시 주주가 배정된 신주를 포기하고 포기한 신주를 다른 주주에게 재배정하거나 실권시키면 자본거래 전후 주주의 가치는 변동된다. 이와 같이 불균등증자로 법인이 특수관계인에게 이익을 분여한 경우 부당행위로 본다. 그러나 포기한 신주를 「자본시장과 금융투자업에 관한 법률」에 따른 모집방법으로 배정하는 경우에는 적법한 절차에 따라 신주를 배정하므로 부당행위로 보지 않는다.

(1) 저가발행의 경우 : 신주인수권 포기

주식을 저가로 발행하는 경우에는 신주의 인수가액이 증자 후의 평가액(시가)보다 낮은 경우에 신주인수권을 포기한 법인주주가 신주를 인수한 주주에게 이익을 제공한 것으로 보는데, 이 경우 실권주의 재배정 유무에 따라 세무상 처리방법이 달라진다.

① 실권주를 재배정하는 경우 : 현저한 이익의 제공과 무관

불균등증자로 인해 특수관계인인 주주에게 제공한 이익분여액(부당행위계산의 부인액)은 다음과 같이 계산한다.

$$\text{이익분여액} = [(a) - (b)] \times \text{해당 법인의 실권주식수} \times \frac{\text{특수관계인이 초과배정받은 주식수}}{\text{총실권주식수}}$$

* (a) : 증자 후 1주당 평가가액**, (b) : 신주 1주당 인수가액

** 증자 전의 자본과 증자한 자본의 합계액 ÷ 증자 후 주식수(증자 전 주식수+증자주식수). 단, 주권상장법인의 경우 상장주식의 평가 규정에 의한 평가액(증자 후의 1주당 평가가액)과 해당 평가액 중 적은 가액으로 함.

② 실권주를 재배정하지 않는 경우 : 현저한 이익의 제공

포기한 신주를 재배정하지 않고 실권시키는 경우에는 법인주주가 특수관계인인 주주에게 현저한 이익을 제공한 경우에 한하여 부당행위계산의 부인을 적용한다. 이 경우 현저한 이익을 제공한 경우란 다음의 하나가 발생한 경우를 말한다.

㉮ 주당평가차액의 비율이 30% 이상

현저한 이익 = 〔(p)−(q)〕÷(p) ≥ 30%
(p) : 균등증자시의 1주당 평가가액* (q) : 신주 1주당 인수가액

* 증자 전의 자본과 균등(증자 전 비율)증자시 증가할 자본의 합계액 ÷ 균등증자시 증자 후 주식수. 단, 주권상장법인의 경우 상장주식 평가 규정에 의한 평가액(증자 후의 1주당 평가가액)과 해당 평가액 중 적은 가액으로 함.

㉯ 분여받은 이익이 3억원 이상

현저한 이익=분여받은 이익* ≥ 3억원
* 분여받은 이익 =
= 주당평가차액〔(p)-(q)〕×실권주총수×증자 후 특수관계인의 지분비율× $\frac{\text{해당 법인의 실권주수}}{\text{실권주총수}}$
= 주당평가차액〔(p)-(q)〕×해당 법인의 실권주수×증자 후 특수관계인의 지분비율

③ 이익분여액 : 부당행위계산의 부인액

법인주주(해당 법인)가 불균등증자로 인해 특수관계인인 주주에게 제공한 이익분여액은 다음과 같이 계산하며, 이 금액을 익금산입하고 귀속유형에 따라 소득처분한다.

이익분여액 = 〔(p)-(q)〕 × 해당 법인의 실권주식수 × 증자 후 특수관계인의 지분율
* (p) : 균등증자시의 1주당 평가가액, (q) : 신주 1주당 인수가액

(2) 고가발행의 경우 : 신주의 고가 인수

신주의 인수가액이 증자 후의 평가액(시가)보다 높은 경우에 신주를 인수한 법인주주가 신주인수권을 포기한 주주에게 이익을 분여한 것으로 보아 부당행위계산의 부인을 적용하며, 이 경우도 실권주의 재배정 유무에 따라 세무상 처리가 달라진다.

① 실권주를 재배정하는 경우 : 현저한 이익의 제공과 무관

불균등증자로 인해 특수관계인인 주주에게 제공한 이익분여액은 다음과 같이 계산한다.

$$\text{이익분여액} = [(x)-(y)] \times \text{특수관계인의 실권주식수} \times \frac{\text{당해 법인이 초과배정받은 주식수}}{\text{총실권주식수}}$$

* (x) : 신주 1주당 인수가액, (y) : 증자 후 1주당 평가가액*

* 증자 전의 자본과 증자한 자본의 합계액 ÷ 증자 후 주식수(증자 전 주식수+증자주식수). 단, 주권상장법인의 경우 상장주식의 평가 규정에 의한 평가액(증자 후의 1주당 평가가액)과 해당 평가액 중 큰 가액으로 함.

② 실권주를 재배정하지 않는 경우 : 현저한 이익의 제공

실권주를 재배정하지 아니하는 경우에는 법인주주가 특수관계인인 주주에게 현저한 이익을 제공한 경우에 한하여 부당행위계산의 부인을 적용한다. 이 경우 현저한 이익을 제공한 경우란 다음의 하나가 발생한 경우를 말한다.

㉮ 주당평가차액의 비율이 30% 이상

$$\text{현저한 이익} = [(m)-(n)] \div (n) \geq 30\%$$

○ (m) : 신주 1주당 인수가액 (n) : 증자 후 1주당 평가가액*

* 증자 전의 자본과 증자한 자본의 합계액 ÷ 증자 후 주식수(증자 전 주식수+증자주식수). 단, 주권상장법인의 경우 상장주식의 평가 규정에 의한 평가액(증자 후의 1주당 평가가액)과 해당 평가액 중 큰 가액으로 함.

㉯ 분여받은 이익이 3억원 이상

현저한 이익 = 분여받은 이익* ≥ 3억원

* 분여받은 이익 =

$$[(m)-(n)] \times \text{특수관계인의 실권주식수} \times \frac{\text{해당 법인이 인수한 주식수}}{\text{균등(증자 전 비율대로)증자시의 증자주식총수}}$$

* (m) : 신주 1주당 인수가액 (n) : 증자 후 1주당 평가가액*

③ 이익분여액 : 부당행위계산의 부인액

법인주주(해당 법인)가 불균등증자로 인해 특수관계인인 주주에게 제공한 이익분여액은 다음과 같이 계산하며, 이 금액을 익금산입하고 귀속유형에 따라 소득처분한다.

$$\text{이익분여액} = [(m) - (n)] \times \text{특수관계인의 실권주식수} \times \frac{\text{해당 법인이 인수한 주식수}}{\text{균등증자시의 증자주식총수}}$$

* (m) : 신주 1주당 인수가액, (n) : 증자 후 1주당 평가가액

다. 불균등감자

법인이 주식을 소각할 때 지분율에 따른 균등감자가 아닌 일부 주주의 주식을 소각하는 불균등감자로 인하여 그와 특수관계에 해당하는 주주가 현저한 이익을 얻은 경우 그 이익에 상당하는 금액을 부당행위계산의 부인으로 보아 세무조정한다.

(1) 현저한 이익

① 일반적인 경우

일반적인 경우란 아래 "② 감자대가를 과다지급한 경우"에 해당하지 아니하는 경우로서 다음의 어느 하나가 발생한 경우를 말한다.

㉮ 주당평가차액의 비율이 30% 이상

$$\text{현저한 이익} = [(x) - (y)] \div (x) \geq 30\%$$

* (x) : (감자 전)감자주식 1주당 평가액 (y) : 주식 소각시 1주당 지급액

㉯ 분여받은 이익이 3억원 이상

$$\text{현저한 이익} = \text{분여받은 이익}^{*} \geq 3\text{억원}$$

* 분여받은 이익

$$= \text{주당평가차액}[(x) - (y)] \times \text{총감자주식수} \times \text{감자 후 특수관계인의 지분율} \times \frac{\text{해당 법인의 감자주식수}}{\text{총감자주식수}}$$

$$= \text{주당평가차액}[(x) - (y)] \times \text{해당 법인의 감자주식수} \times \text{감자 후 특수관계인의 지분율}$$

② 감자대가를 과다지급한 경우

감자한 주식 1주당 평가액이 액면가액(주식 소각시 지급한 대가가 액면가액 이하인 경우에는 당해 대가) 이하인 경우로서 그 평가액을 초과하여 대가를 지급한 경우에는 다음의 어느 하나가 발생한 경우를 말한다.

㉮ 주당평가차액의 비율이 30% 이상

> 현저한 이익 = 〔(s) - (t)〕÷(t) ≥ 30%
>
> * (s) : Min〔액면가, 1주당 소각(감자)대가〕 (t) : (감자 전)감자주식 1주당 평가액

㉯ 분여받은 이익이 3억원 이상

> 현저한 이익 = 분여받은 이익* ≥ 3억원
>
> * 분여받은 이익 = 〔1주당 소각(감자)대가 - 감자주식 1주당 평가액〕×해당 주주의 감자주식수

(2) 이익분여액 : 부당행위계산의 부인액

해당 법인이 불균등감자로 인해 특수관계인인 주주에게 제공한 이익분여액은 다음과 같이 계산하며, 이 금액을 익금산입하고 귀속유형에 따라 소득처분한다.

> (1) 일반적인 경우
> 이익분여액=(감자주식 1주당 평가가액-1주당 감자대가)×해당 법인의 감자주식수 ×특수관계인의 감자 후 지분율
>
> (2) 감자대가를 과다지급한 경우(1주당 평가액이 액면가 이하인 경우에 한함) : Min(액면, 대가)
> 이익분여액=〔1주당 소각(감자)대가-감자주식 1주당 평가액〕×해당 법인의 감자주식수 ×특수관계인의 감자 후 지분율

제 9 장

과세표준 및 세액 계산

1. 과세표준의 계산

법인세의 과세표준은 각 사업연도소득의 범위에서 이월결손금, 비과세소득 및 소득공제를 순차로 공제하여 계산한다. 공제항목이 각 사업연도의 소득을 초과하는 경우에는 공제되지 않은 비과세소득, 소득공제액, 최저한세의 적용으로 공제받지 못한 소득공제액은 이월공제되지 않고 소멸된다.

80%

법인세 과세표준 = 각 사업연도소득 − 이월결손금* − 비과세소득 − 소득공제액 ≥ 0

* 각 사업연도 소득의 80%(중소기업과 회생계획을 이행 중인 법인은 100%)로 함.

1-1 이월결손금

가. 공제대상

이월결손금공제는 기간단위별 과세로 인한 조세부담의 불공평을 조정하기 위한 제도로서 이월공제와 소급공제의 두 가지 유형이 있다. 각 사업연도소득에서 공제할 수 있는 이월결손금은 각 사업연도 개시일 전 15년 이내에 개시한 사업연도에서 발생한 결손금으로서 그 후의 각 사업연도의 과세표준계산상 공제되지 않은 금액을 말한다. 다음의 하나에 해당하는 이월결손금은 공제된 것으로 보아 소멸한다.

① 채무의 출자전환에 따라 발생한 채무조정이익과 상계된 결손금

② 자산수증익·채무면제익으로 충당된 결손금

③ 소급공제받은 결손금

나. 공제순서

과세표준을 계산할 때 공제가능한 이월결손금 누적액이 있는 경우 먼저 발생한 사업연도의 결손금부터 차례대로 공제하며, 15년 이내의 기간을 임의로 선택하여 공제받을 수 없다.

다. 추계시 공제 배제

장부나 그 밖의 증명서류가 없어서 소득금액을 계산할 수 없는 경우 법인세의 과세표준과 세액을 추계하는데, 이 경우에는 이월결손금공제를 적용하지 않는다. 다만, 천재·지변으로 장부나 그 밖의 증명서류가 멸실되어 기장이 가장 정확하다고 인정되는 동일업종의 다른 법인의 소득금액을 참작하여 추계하는 경우에는 이월결손금공제를 적용한다.

라. 중소기업의 결손금 소급공제에 따른 환급

결손금은 이월공제하는 것이 원칙이지만, 각 사업연도에 결손금이 발생한 중소기업으로써 신고기한 내에 결손금이 발생한 사업연도와 그 직전사업연도의 소득에 대한 법인세의 과세표준 및 세액을 각각 신고한 경우 소급공제를 원하는 법인이 법인세 신고기한까지 소급공제환급신청을 하면 직전사업연도의 소득에 대해 과세된 법인세액을 한도로 1년간 소급공제하여 기납부한 법인세액을 환급받을 수 있다.

(1) 환급세액의 계산 및 환급

결손금 소급공제에 의한 환급세액은 직전사업연도의 소득에 과세된 법인세액(토지 등 양도소득에 대한 법인세 제외)만이 대상이 된다. 구체적으로 환급세액을 다음과 같이 계산한다.

결손금 소급공제로 인한 환급세액 = Min〔Ⓐ, Ⓑ〕

Ⓐ 환급대상액 = 직전사업연도의 법인세 산출세액 − (직전사업연도 과세표준 − 소급공제할 결손금) × 직전사업연도의 법인세율

Ⓑ 환급한도액(직전사업연도 법인세액) = 직전사업연도의 법인세 산출세액 − 직전사업연도의 공제·감면세액

(2) 환급세액의 추징 및 추가환급

다음의 하나에 해당되는 경우 환급세액(㉮ 및 ㉯의 경우 과다하게 환급된 세액 상당액)에 이자 상당액을 가산한 금액을 해당 결손금이 발생한 사업연도의 법인세로서 징수한다.

㉮ 법인세를 환급한 후 결손금이 발생한 사업연도에 대한 법인세의 과세표준과 세액을 경정함으로써 결손금이 감소된 경우 ㉯ 결손금이 발생한 사업연도의 직전사업연도에 대한 법인세의 과세표준과 세액을 경정함으로써 환급세액이 감소된 경우 ㉰ 중소기업에 해당하지 않는 법인이 법인세를 환급받은 경우

1-2 비과세소득

비과세소득이란 국가가 과세권을 포기한 것으로 법인세가 부과되지 않는 소득을 말한다. 비과세소득은 세무당국의 과세권이 배제되어 법인세 납세의무 자체가 성립하지 않기 때문에 신청이 불필요하다.

비과세소득의 예로는 「법인세법」에 따른 공익신탁의 신탁재산에서 생기는 소득과 「조세특례제한법」에 따른 벤처투자회사 등의 주식양도차익 등이 있다.

1-3 소득공제

소득공제란 과세표준을 계산할 때 각 사업연도의 소득에서 일정금액을 공제하여 법인세가 과세되지 않도록 하는 제도로서 비과세소득과 같은 경제적 효과를 갖는다. 소득공제는 조세정책과 이중과세를 조정하기 위해 도입되었다. 소득공제는 각 사업연도의 소득금액에서 이월결손금 및 비과세소득을 차감한 금액을 한도로 공제한다.

소득공제의 예는 「법인세법」에 따른 유동화전문회사의 소득공제 등이 있다.

1-4 공제한도

법인세 과세표준을 계산할 때 공제되지 않은 비과세소득과 소득공제액은 다음 사업연도에 이월하여 공제할 수 없다.

2. 세액의 계산

2-1 세액계산의 구조

각 사업연도의 소득에 대한 법인세는 과세표준에 세율을 곱하여 산출세액(토지 등 양도소득에 대한 법인세액과 투자·배당 및 상생협력 촉진을 위한 과세특례를 적용하여 계산한 법인세액이 있으면 이를 합한 금액)을 계산한다. 산출세액에서 세액공제 및 감면세액을 차감하고 가산세와 감면분 추가납부세액을 가산하면 실제로 부담하는 총부담세액이 산출된다.

법인세액 계산구조
▪ 산 출 세 액 = 과세표준×세율(10%, 20%, 22%, 25%)
▪ 차 감 세 액 = 산출세액－최저한세 적용대상 공제·감면세액
▪ 총부담세액 = 차감세액－최저한세 적용 제외 공제·감면세액＋가산세＋감면분 추가납부세액
▪ 차감납부할 세액 = 총부담세액－기한 내 납부세액－신고납부 전 가산세액
▪ 차감납부세액 = 차감납부할 세액－사실과 다른 회계처리 경정세액공제－분납할 세액

2-2 산출세액의 계산

가. 법인세율

법인세율은 4단계 초과누진세율이며, 그 내용은 다음과 같다. 다만, 조합법인은 세무조정 능력이 부족하다는 점과 수익사업과 비수익사업의 구분이 현실적으로 어렵다는 점을 고려하여 당기순이익에 의한 과세방법을 허용하고 있다. 따라서 당기순이익과세를 택한 조합법인은 복식부기에 의한 기장을 하지 않을 수 있다.

<table>
<tr><th colspan="2">구 분</th><th>과세표준</th><th>세율</th><th>비 고</th></tr>
<tr><td rowspan="4">원칙</td><td rowspan="4">일반
법인</td><td>2억원 이하 금액</td><td>10%</td><td rowspan="7">성실신고확인서 제출대상 법인은 다음과 같다.
(1) 가족법인 등 특정법인
① 지배주주 등 지분율 50% 초과
② 부동산임대업이 주된 사업이거나 부동산 임대수입·이자·배당소득이 매출액의 50% 이상
③ 상시근로자 수가 5인 미만
(2) 성실신고확인대상자인 개인사업자에서 법인으로 전환된 지 3년 이내의 법인
(3) 위 (2)에 따라 전환한 내국법인이 그 전환에 따라 경영하던 사업을 (2)에서 정하는 방법으로 인수한 다른 내국법인</td></tr>
<tr><td>2억원~200억원</td><td>20%</td></tr>
<tr><td>200억원~3천억원</td><td>22%</td></tr>
<tr><td>3천억원 초과</td><td>25%</td></tr>
<tr><td colspan="2" rowspan="3">예외
성실신고확인서 제출대상에 해당하는 내국법인</td><td>200억원 이하 금액</td><td>20%</td></tr>
<tr><td>200억원~3천억원</td><td>22%</td></tr>
<tr><td>3천억원 초과</td><td>25%</td></tr>
</table>

나. 사업연도가 1년 미만인 경우

사업연도가 1년 미만인 법인의 각 사업연도의 소득에 대한 산출세액은 다음과 같이 계산하는데, 누진세율의 효과를 유지하기 위한 것이다.

$$\text{산출세액} = \left(\text{과세표준} \times \frac{12}{\text{사업연도 월수}^{*}}\right) \times \text{세율} \times \frac{\text{사업연도 월수}^{*}}{12}$$

* 월수는 역(曆)에 따라 계산하되 1월 미만의 일수는 1월로 함.

사업연도가 1년 미만인 경우의 산출세액 계산규정은 다음과 같은 경우에 적용된다.

- 법령 또는 정관 등에서 정한 사업연도인 1회계기간이 1년 미만인 경우
- 사업연도의 변경시 종전 사업연도 개시일~변경된 사업연도 개시일 전일
- 사업연도의 의제

2-3 세액공제

세액공제란 조세정책목적에 위해 법정요건을 충족시키는 경우 일정한 금액을 산출세액에서 공제함으로써 세액의 납부를 면제하여 주는 직접감면제도이다. 세액공제는 「법인세법」과 「조세특례제한법」에서 구체적으로 규정하고 있다. 세액공제를 받기 위해서는 세액공제신청 등의 세법에 규정하는 요식행위가 필요하다. 「법인세법」상 세액공제는 외국납부세액공제, 간접투자회사 등이 납부한 외국납부세액공제, 재해손실세액공제 및 사실과 다른 회계처리로

인한 경정에 따른 세액공제 등이 있다.

가. 외국납부세액공제

내국법인에게는 국내원천소득뿐만 아니라 국외원천소득도 법인세가 과세된다. 그런데 국외원천소득에 대하여 원천지국 과세원칙에 의거하여 해당 외국의 세법에 따라 과세하는 경우 국제적 이중과세가 발생하게 된다. 외국납부세액공제는 이러한 이중과세를 조정하기 위한 제도이다.

우리나라는 국제적 이중과세의 조정을 위하여 내국법인의 각 사업연도의 과세표준에 국외원천소득이 포함되어 있는 경우 외국법인세액에 대해 다음 중 하나를 선택할 수 있다.

- 외국법인세액 세액공제방법
- 외국법인세액 소득공제방법

(1) 외국법인세액의 범위

외국법인세액이란 내국법인의 각 사업연도의 과세표준금액에 포함된 국외원천소득에 대해 납부하였거나 납부할 것으로 확정된 금액으로서 ① 직접외국납부세액, ② 간주(의제)외국납부세액 ③ 간접외국납부세액의 합계액을 말한다.

외국법인세액 = 직접외국납부세액 + 간주(의제)외국납부세액 + 간접외국납부세액

이를 요약하면 다음과 같다.

구 분	내 용
직접외국납부세액	외국정부에 의해 과세된 세액(가산세 제외)으로 내국법인의 소득을 과세표준으로 하여 과세된 세액(본세)과 그 부가세액 및 원천징수세액
간주외국납부세액	국외원천소득이 있는 내국법인이 조세조약의 상대국에서 해당 국외원천소득에 대하여 법인세를 감면받은 세액상당액
간접외국납부세액	내국법인의 각 사업연도의 소득금액에 외국자회사로부터 받는 수입배당금액이 포함된 경우 그 외국자회사의 소득에 대해 부과된 외국법인세액 중 해당 수입배당금액에 대응하는 금액

(2) 외국납부세액공제액의 계산

외국납부세액공제는 해당 사업연도의 법인세 산출세액(토지 등 양도소득에 대한 법인세와 미환류소득에 대한 법인세 제외)에 국외원천소득이 해당 사업연도의 과세표준에서 차지하는 비율을 곱하여 산출한 금액을 공제한도로 해당 사업연도의 법인세액에서 공제한다.

한편, 외국법인세액이 해당 사업연도의 공제한도금액을 초과하는 경우 그 초과하는 금액은 해당 사업연도의 다음 사업연도 개시일부터 10년 이내에 끝나는 각 사업연도(이월공제기간)로 이월하여 그 이월된 사업연도의 공제한도금액 내에서 공제받을 수 있다. 다만, 외국법인세액을 이월공제기간 내에 공제받지 못한 경우 그 공제받지 못한 외국법인세액은 이월공제기간의 종료일 다음 날이 속하는 사업연도의 소득금액을 계산할 때 손금에 산입할 수 있다.

> 외국납부세액공제 = Min〔Ⓐ외국법인세액, Ⓑ공제한도액〕
>
> Ⓐ 외국법인세액 = 직접외국납부세액 + 간주(의제)외국납부세액 + 간접외국납부세액
>
> Ⓑ 공제한도액 = 법인세 산출세액 × $\frac{\text{국외원천소득} - \text{감면대상 국외원천소득} \times \text{감면비율}}{\text{법인세과세표준}}$

(3) 2개 이상 국가에 사업장이 있는 경우 외국납부세액공제 한도액 계산

외국납부세액공제 한도를 계산할 때 국외사업장이 2개 이상의 국가에 있는 경우에는 국가별로 구분하여 계산하여야 하며, 이를 국별한도제라고 한다. 국별한도제와 비교되는 과거에 허용되었던 일괄한도제가 있는데, 사례를 통해 비교 · 설명하기로 하자.

국별한도제

【사례 1】 국별 외국납부세액공제 한도액 계산

국가	외국납부세액	국별소득	기준국외원천소득	세액공제한도	비고
A국	100	500	$500-(600\times\frac{500}{1,000})=200$	$120\times\frac{200}{400}=60$	산출세액 120 =(1,000−600) ×30% =400×30%
B국	0	△600			
C국	60	300	$300-(600\times\frac{300}{1,000})=120$	$120\times\frac{120}{400}=36$	
국내	−	200			
합계	160	△600 1,000	320	96	

【사례 2】 국별한도제와 일괄한도제의 비교

일반적으로 모든 원천지국가에서 소득이 발생하는 경우에는 국별한도제가 일괄한도제보다 불리하다. 이 사례도 국별한도제가 일괄한도제보다 세부담이 크다는 것을 보여준다.

구 분				국별한도제			일괄한도제		
구분	소득금액	세율	외국납부세액	공제한도	공제세액	미공제세액	공제한도	공제세액	미공제세액
A국	1,000	25%	250	300*1)	250	–	1,800*2)	1,800	275
B국	2,000	35%	700	600	600	100			
C국	3,000	37.5%	1,125	900	900	225			
국내	4,000	30%	–	–	–	–			
합계	10,000	–	2,075	–	1,750	325	1,800	1,800	275
총부담세액				(3,000+2,075−1,750)=3,325			(3,000+2,075−1,800)=3,275		

*1) 국별한도액(A국) : 3,000(총소득×국내세율) × $\frac{\text{국별소득}(1,000)}{\text{총소득}(10,000)}$ = 300

*2) 일괄한도액 : 3,000(총소득×국내세율)× $\frac{\text{국외원천소득}(6,000)}{\text{총소득}(10,000)}$ = 1,800

나. 재해손실세액공제

재해손실세액공제란 천재・지변 기타 재해로 인해 납세가 곤란하다고 인정되는 경우 일정금액을 산출세액에서 공제하여 주는 것을 말하며, 재해로 인하여 납세능력을 상실한 법인의 법인세 부담을 경감시켜 주기 위한 제도이다.

(1) 세액공제요건

재해손실세액공제를 받으려면 다음의 요건을 충족하여야 한다.

공제요건	내 용	
재해상실비율 20% 이상	자산(재해)상실비율 = $\frac{\text{상실된 사업용 자산 총액}}{\text{상실 전 사업용 자산 총액(토지 제외)}}$ ≧ 20%	
세액공제신청 및 신청기한	과세표준 신고기한이 지나지 않은 법인세	과세표준 신고기한
	재해발생일 현재 미납된 법인세와 납부할 법인세	재해발생일부터 3개월

(2) 공제세액의 계산

재해손실세액공제액은 다음과 같이 계산한다.

> 재해손실세액공제액 = Min〔법인세액(Ⓐ+Ⓑ)×재해상실비율, 상실된 자산가액〕
>
> Ⓐ 이전분 : 재해발생일 현재 부과되지 않은 법인세와 부과된 법인세로서 미납된 법인세(가산세와 가산금 포함)
>
> Ⓑ 재해연도분 : 재해발생일이 속하는 사업연도의 소득에 대한 법인세
> = 산출세액 – 「조세특례제한법」에 의한 공제·감면세액 + 가산세

다. 사실과 다른 회계처리로 인한 경정에 따른 세액공제

내국법인이 다음의 요건을 모두 충족하는 사실과 다른 회계처리를 하여 과세표준 및 세액을 과다하게 계상함으로써 경정을 청구하여 경정을 받은 경우에는 과다납부한 세액을 환급하지 아니하고 그 경정일이 속하는 사업연도부터 각 사업연도의 법인세액에서 과다납부한 세액을 공제한다. 이 경우 각 사업연도별로 공제하는 금액은 과다납부한 세액의 100분의 20을 한도로 하고, 공제 후 남아 있는 과다납부한 세액은 이후 사업연도에 이월하여 공제한다.

> ▪ 사업보고서 및 감사보고서를 제출할 때 수익 또는 자산을 과다계상하거나 손비 또는 부채를 과소계상할 것
> ▪ 내국법인, 감사인 또는 그에 소속된 공인회계사가 법 소정 경고·주의 등의 조치를 받을 것

2-4 세액감면

세액감면이란 확정된 법인세 납세의무를 별도의 행정행위에 의해 소멸시키는 것을 말한다. 세액감면은 산출세액을 감소시킨다는 점에서 비과세와 유사하지만 비과세는 처음부터 납세의무가 성립하지 않는다는 점에서 세액감면과 차이가 있다. 또한 세액감면도 세액의 일부를 경감시키는 점에서 전액을 경감시키는 세액면제와 구분되지만, 이를 구분하지 않고 세액감면으로 통칭한다. 세액감면은 납세의무자의 감면신청을 조건으로 하는지에 대해서는 법령의 표현에 따라 해석을 달리한다. 현행 세법의 세액감면은 전부 당연감면 규정으로 신청감면이 적용되는 경우는 없다.

> ▪ 임의감면 : "~감면을 받고자 하는 자는 ~에 의해 그 사유를 정부에 신청할 수 있다."
> ▪ 당연감면 : "~의 규정을 적용받고자 하는 내국인은 ~ 그 감면신청을 하여야 한다."
> ▪ 신청감면 : "~의 규정은 조세감면신청을 하는 경우에 한하여 이를 적용한다."

가. 감면세액의 계산

면제소득에 대한 법인세 감면은 해당 사업연도의 법인세 산출세액에 면제소득이 법인세 과세표준에서 차지하는 비율을 곱하여 산출한 금액을 공제하기 때문에 세액공제형식을 취하고 있다. 이와 같이 세액공제형식을 취하게 되면 누진세율의 효과가 그대로 유지된다.

세액감면 또는 면제를 하는 경우 별도의 규정이 있는 경우를 제외하고는 그 감면 또는 면제되는 세액은 다음과 같이 계산한다.

▪ 원칙

$$감면세액=산출세액 \times Min\left(\frac{감면소득금액}{법인세과세표준},\ 100\%\right) \times 감면비율$$

▪ 공제액이 면제사업에서 발생한 경우

$$감면세액=산출세액 \times Min\left(\frac{감면소득금액-공제액\ 전액}{법인세과세표준},\ 100\%\right) \times 감면비율$$

▪ 공제액이 면제사업의 발생 여부가 불분명한 경우

$$감면세액=산출세액 \times Min\left(\frac{감면소득금액-공제액\times\frac{면제소득}{각\ 사업연도소득}}{법인세과세표준},\ 100\%\right) \times 감면비율$$

나. 세액감면의 유형

세액감면은 「조세특례제한법」에 규정되어 있으며, 대부분 적용시한이 한시적으로 제한되어 있다. 또한 세액감면은 기간제한이 없는 감면과 감면기간이 한정되어 있는 기간제한이 있는 감면으로 구분되며, 구체적인 설명은 생략한다(「조세특례제한법」 관련 조문 참조).

다. 세액공제와 세액감면의 중복지원 배제 및 적용 순서

내국법인이 동일한 과세연도에 세액감면과 투자세액공제가 동시에 적용되는 경우에는 그 중 하나만을 선택하여 이를 적용받을 수 있다. 또한 법인세의 감면 규정과 세액공제 규정이 동시에 적용되는 경우 그 적용순위는 별도의 규정이 있는 경우를 제외하고는 다음의 순서에 따른다.

	내 용
1순위	▪ 각 사업연도의 소득에 대한 세액감면 및 면제
2순위	▪ 이월공제가 인정되지 않는 세액공제
3순위	▪ 이월공제가 인정되는 세액공제(이월된 미공제액이 있는 경우 이를 먼저 공제)
4순위	▪ 사실과 다른 회계처리로 인한 경정에 인한 세액공제(이월된 미공제액이 있는 경우 이를 먼저 공제)

3. 최저한세

3-1 개 념

조세정책목적에서 여러 가지 조세혜택을 부여하지만 손금산입, 비과세, 소득공제, 세액공제 등 각종 조세혜택이 법인에게 중복 적용되는 경우에는 과세형평을 침해하게 된다. 따라서 최저한세는 조세혜택을 받더라도 최소한의 법인세를 부담하게 한다는 취지에서 도입된 제도이다.

3-2 최저한세 적용대상

최저한세는 내국법인의 각 사업연도소득과 외국법인의 국내원천소득에 대해 부여된 「조세특례제한법」의 조세혜택에 대해 적용된다. 따라서 「조세특례제한법」의 익금불산입, 소득공제, 비과세, 세액감면 및 세액공제가 최저한세 적용대상이며, 「조세특례제한법」이 아닌 다른 법률에 따른 조세혜택은 적용하지 않는다. 최저한세 적용대상이 되는 조세혜택은 「조세특례제한법」에 규정되어 있다.

조세특례제한법 132 ① 참조

3-3 최저한세 계산구조

감면후 세액이 감면전 세액인 최저한세보다 큰 경우에는 조세혜택을 배제하지 않지만, 적은 경우에는 최저한세 적용대상인 조세혜택을 배제하게 된다.

▪ 감면후 세액 ≥ 최저한세 :	최저한세 적용대상인 조세혜택을 배제하지 않음
▪ 감면후 세액 < 최저한세 :	최저한세 적용대상인 조세혜택을 배제함

가. 감면후 세액

먼저 최저한세 적용대상인 각종 조세혜택을 적용한 후의 세액을 산출한다. 이를 설명하면 다음과 같다.

- 과세표준 = 각 사업연도소득 − 이월결손금 − 비과세소득 − 소득공제
- 산출세액 = 과세표준 × 세율(10%, 20%, 22%, 25%)
- 감면후 세액 = 산출세액 − 최저한세 적용대상 세액공제 및 세액감면

감면후세액

최저한세

나. 감면전 세액 : 최저한세

- 과세표준 = 각 사업연도소득 − 이월결손금 − 비과세소득 − 소득공제
- 감면전 과세표준 = 과세표준 + 최저한세 적용대상 조세혜택
- 최저한세 = 감면전 과세표준 × 세율*)

*) 17%〔(과세표준 100억원 이하 10%, 100억원 초과 1천억원 이하 12%), 중소기업 : 7%〕

다. 최저한세 미달세액에 상당하는 감면의 배제 순서

감면후 세액이 최저한세에 미달하는 경우에는 각종 조세혜택을 적용받을 수 없게 된다. 이 경우 최저한세에 미달하는 법인세에 상당하는 각종 감면을 배제하게 되는데, 법인의 선택에 의해 배제할 수 있다.

(1) 자진신고납부하는 경우

법인세를 자진신고납부하거나 수정신고하는 경우에는 법인이 배제 순서를 선택할 수 있다. 따라서 세액공제·감면 등의 직접감면보다는 손금산입과 같은 간접감면을 먼저 배제하고, 이월공제기간이 짧은 것보다 긴 조세혜택을 먼저 배제하는 것이 유리하다.

(2) 정부의 경정에 의하는 경우

신고(수정신고 및 경정청구 포함)한 법인세액이 최저한세에 미달하여 법인세를 경정하는 경우 다음의 순서(같은 순서 안에서는 법조문 순서에 의함)에 따라 감면을 배제하여 추징세액을 계산한다.

법의 순서가 회사에 유리

1순위	▪ 손금산입 및 익금불산입(조특법 132 ① 2호)
2순위	▪ 세액공제(조특법 132 ① 3호) * 동일 조문에 의한 감면세액 중 이월된 공제세액이 있는 경우에는 나중에 발생한 것부터 적용 배제한다.
3순위	▪ 법인세의 면제 및 감면(조특법 132 ① 4호)
4순위	▪ 소득공제 및 비과세(조특법 132 ① 2호)

【사례】 최저한세 계산

중소기업인 ㈜나눔의 제26기(2026.1.1~12.31)의 자료에 의하여 물음에 답하라.

각사업연도소득금액	215,000,000원	이월결손금(제23기 발생)	5,000,000원
공익신탁의 이익	2,000,000원	최저한세 적용대상 세액감면	3,000,000원
외국납부세액공제액	3,000,000원	최저한세 적용대상 세액공제	5,000,000원
원천징수불성실가산세	1,200,000원	감면분 추가납부세액	800,000원

• 요구사항 •

(1) 최저한세 계산
(2) 적용 배제할 조세감면의 내용(회사가 유리한 순서)
(3) 총부담세액 계산

정 답

(1) 최저한세 계산

① 과세표준 = 각사업연도소득금액－이월결손금－비과세소득－소득공제
= 215,000,000원－5,000,000원－2,000,000원－0= 208,000,000원

② 산출세액
=과세표준 × 세율(10%, 20%)= 20,000,000원+ 8,000,000원 × 20%= 21,600,000원

③ 최저한세 : Max〔Ⓐ, Ⓑ〕= 14,560,000원

Ⓐ 감면후 세액
= 21,600,000원－3,000,000원(세액감면)－5,000,000원(세액공제)=13,600,000원

Ⓑ 감면전 세액=감면전 과세표준 × 7%(중소기업 7%)
=(과세표준+최저한세 적용대상 조세혜택) × 7%=(208,000,000원 + 0원*) × 7%
= 14,560,000원

*) 세액감면과 세액공제는 과세표준의 계산에 반영하지 않음.

(2) 적용배제할 조세감면의 내용

① 배제대상 세액 = 14,560,000원(최저한세)－13,600,000원(감면후 세액)=960,000원

② 최저한세 적용대상 중 세액감면보다 세액공제에서 먼저 960,000원을 배제한다.

(3) 총부담세액

= 최저한세－외국납부세액공제*+가산세액+감면분 추가납부세액
= 14,560,000원－3,000,000원+ 1,200,000원+ 800,000원=13,560,000원

*)「법인세법」에 따른 외국납부세액은 최저한세 적용대상이 아님.

4. 신고 · 납부

법인세는 법인이 스스로 과세표준과 세액을 신고 · 납부하는 세목이기 때문에 과세표준과 세액의 신고에 의해 납세의무가 확정된다. 따라서 법인이 신고 · 납부를 하지 아니하거나 그 신고내용에 오류 · 탈루가 있는 경우에는 세무당국이 과세표준과 세액을 결정 또는 경정하게 된다. 법인세를 신고 · 납부하는 절차를 요약하면 다음 그림과 같다.

〔법인세 신고 · 납부 절차〕

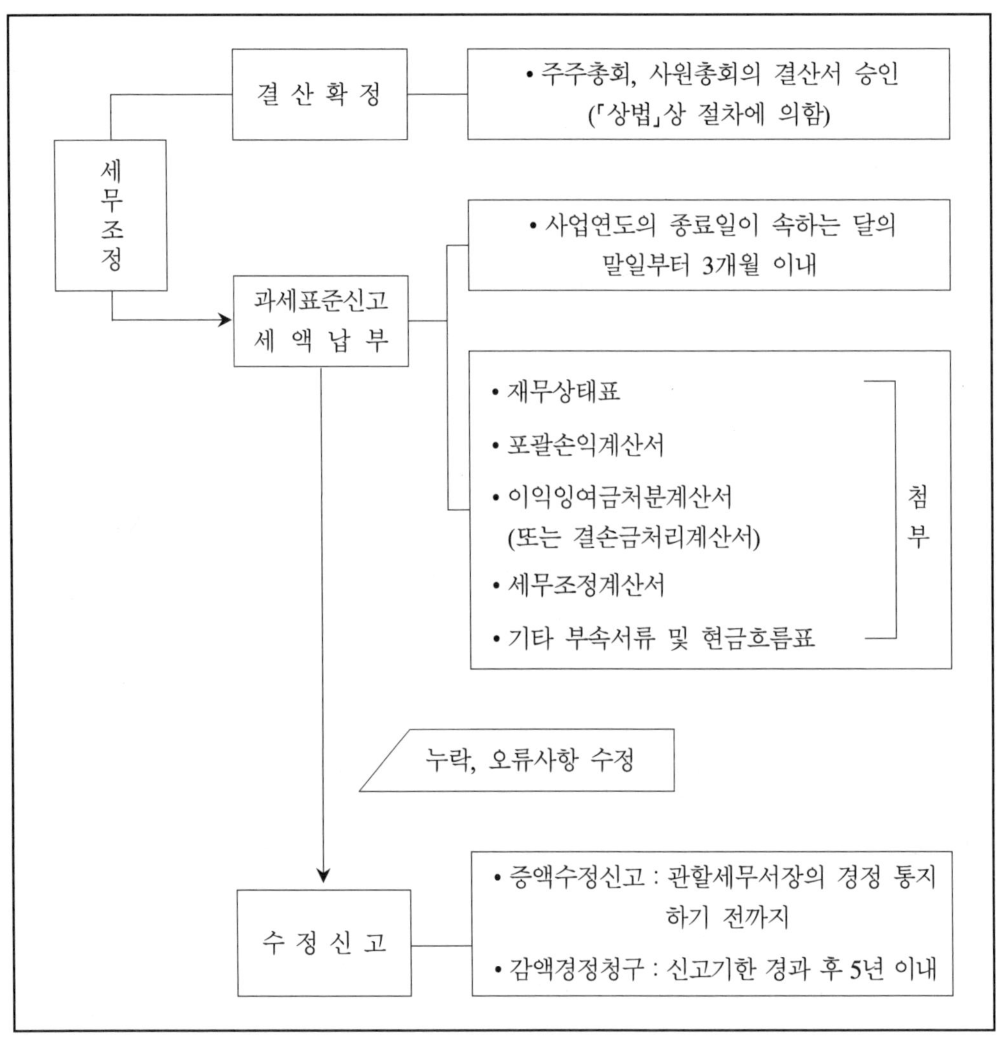

4-1 신고기한

법인세 납세의무 있는 내국법인은 각 사업연도의 종료일이 속하는 달의 말일부터 3개월(성실신고확인서를 제출한 경우 4개월) 이내에 그 사업연도의 소득에 대한 법인세의 과세표준과 세액을 신고하여야 하며, 각 사업연도의 소득금액이 없거나 결손금이 있는 내국법인도 신고의무가 있다.

가. 신고방법

법인세 신고는 법인세 과세표준 및 세액신고서에 의하되, 다음의 서류를 첨부하여야 한다.

▪ 기업회계기준에 따라 작성한 내국법인의 재무상태표 · 포괄손익계산서 및 이익잉여금처분계산서(또는 결손금처리계산서)	
▪ 세무조정계산서(법인세과세표준 및 세액조정계산서)	
▪ 그 밖의 서류	▪ 세무조정계산서 부속서류 및 기업회계기준에 따라 작성한 현금흐름표(「주식회사 등의 외부감사에 관한 법률」에 따라 외부감사대상인 법인만 해당) ▪ 기업회계기준에 따라 원화 외의 통화를 기능통화로 채택한 경우 원화를 표시통화로 하여 기업회계기준에 따라 기능통화재무제표를 환산한 재무제표(표시통화재무제표) ▪ 기업회계기준에 따라 원화 외의 통화를 기능통화로 채택한 법인이 원화 외의 기능통화를 채택하지 아니하였을 경우에 작성하여야 할 재무제표를 기준으로 과세표준을 계산하는 방법을 적용하는 경우 원화 외의 기능통화를 채택하지 아니하고 계속하여 기업회계기준을 준용하여 원화로 재무제표를 작성할 경우 작성하여야 할 재무제표(원화재무제표)

재무제표, 기능통화(원화, 표시통화)재무제표는 국세정보통신망을 이용하여 표준재무상태표 · 표준손익계산서 및 표준손익계산서부속명세서(이하 "표준재무제표")를 제출하는 것으로 할 수 있다. 다만, 한국채택국제회계기준을 적용하는 법인은 표준재무제표를 제출하여야 한다.

나. 제출 면제

(1) 소멸법인

합병 또는 분할로 인해 소멸하는 법인의 최종사업연도의 과세표준과 세액을 신고하는 경우에는 이익잉여금처분(또는 결손금처리)계산서를 제출하지 아니한 경우에도 「법인세법」에 의한 신고를 한 것으로 본다.

(2) 전자신고한 법인

전자신고로 과세표준의 신고를 한 법인의 경우에는 부속서류 중 재정경제부령으로 정하는 서류(「법인세법 시행규칙」 제82조 참조)를 제출하지 아니할 수 있다.

4-2 법인세 납부

법인세는 신고납부하는 세목이므로 법인은 각 사업연도의 소득에 대한 법인세를 신고기한 내에 납부하여야 하며, 납부할 세액은 다음과 같이 계산한다.

차감납부할 세액 = (산출세액 − 공제 · 감면세액 + 가산세액 + 감면분 추가납부세액)
− (중간예납세액+수시부과세액+원천징수세액+간접투자회사 등 외국납부세액+신고납부 전 가산세액)

가. 분 납

법인이 납부할 세액이 1천만원을 초과하는 경우 납부할 세액의 일부를 납부기한이 지난 날부터 1개월(중소기업 2개월) 이내에 분납할 수 있으며, 그 세액은 다음과 같이 계산한다.

- 납부할 세액이 2천만원 이하인 경우 : 1천만원을 초과하는 금액
- 납부할 세액이 2천만원을 초과하는 경우 : 그 세액의 50% 이하의 금액

나. 중간예납

중간예납이란 사업연도의 기간이 6개월을 초과하는 법인에게 사업연도 개시일부터 6개월간을 중간예납기간으로 하여 산출한 금액을 중간예납세액으로 하여 납부하는 것을 말한다. 중간예납세액은 직전사업연도의 산출세액을 기준으로 하는 직전사업연도 실적기준과 당해 중간예납기간을 1사업연도로 계산한 중간예납기간 실적기준 중 하나를 선택할 수 있다.

(1) 직전사업연도 실적기준

직전사업연도 실적기준은 해당 사업연도의 과세표준이 직전사업연도의 과세표준 이상이 될 것이라는 가정 하에 직전사업연도에 확정된 산출세액의 ½을 납부하는 것이다. 직전사업연도 실적기준에 의한 법인세액은 다음과 같이 계산한다.

$$\text{중간예납세액} = (\text{직전사업연도 확정된 산출세액} - \text{중간예납 공제세액}) \times \frac{6}{\text{직전사업연도 개월수}}$$

(2) 중간예납기간 실적기준

중간예납기간을 1사업연도로 보고 이에 대한 산출세액에서 공제할 수 있는 세액을 차감한 금액을 중간예납세액으로 납부하는 것을 말한다. 중간예납기간의 실적기준에 의한 중간예납세액은 다음과 같이 계산한다.

> 중간예납세액
> = 〔중간예납기간 소득금액−(이월결손금+비과세소득+소득공제)〕× 세율−공제세액

4-3 수시부과결정

수시부과란 법인이 법인세 포탈의 우려가 있다고 인정하는 경우에 법인세를 부과하는 것을 말한다. 수시부과의 사유는 다음과 같다.

▪ 법인세 포탈의 우려가 있는 경우	신고를 하지 아니하고 본점 등을 이전한 경우
	사업부진 기타의 사유로 인하여 휴・폐업상태에 있는 경우
	기타 조세포탈 우려가 있다고 인정되는 상당한 이유가 있는 경우
▪ 주한 국제연합군 또는 외국기관으로부터 사업수입금액을 외국환은행을 통하여 외환증서 또는 원화로 영수하는 경우	

가. 법인세 포탈의 우려가 있는 경우

수시부과결정은 법인의 장부 기타 증빙서류에 의한 실지조사를 원칙으로 하고 실지조사가 불가능한 경우에는 추계결정방법에 의하여 과세표준과 세액을 결정한다.

나. 사업수입금액을 외환증서 등으로 영수하는 경우

세무서장은 법인이 주한국제연합군 또는 외국기관으로부터 사업수입금액을 외국환은행을 통하여 외환증서 또는 원화로 영수하는 사유로 수시부과결정을 할 수 있는데, 이 경우 다음과 같이 세액을 계산한다.

> 수시부과세액 = 〔사업수입금액 − (제비용 + 사업수입금액 × 기준경비율)〕× 세율

4-4 법인세 결정 및 경정

법인세는 신고·납부에 의해 납세의무가 확정되지만 신고·납부의무를 이행하지 않은 경우 과세당국이 과세표준과 세액을 확정하는데, 이를 결정이라 한다. 한편, 법인이 신고한 과세표준과 세액에 오류 또는 탈루가 있는 경우 과세당국이 과세표준과 세액을 고치는데, 이를 경정이라고 한다.

가. 결정방법

과세표준과 세액을 결정 또는 경정하는 결정방법에는 실제 자료와 같은 직접증거에 의한 실지조사와 간접증거에 의한 추계조사가 있다.

(1) 실지조사

실지조사란 비치·기장한 장부와 그 밖의 증명서류를 기초로 과세표준과 세액을 결정하는 것을 말하며, 「국세기본법」의 근거과세와 납세자의 성실성 추정이 구현된 방법이다.

(2) 추계조사

추계조사란 기준경비율 또는 동업자 권형 등의 간접자료에 의해 과세표준과 세액을 결정 또는 경정하는 방법이다. 추계조사에는 기준경비율방법, 동업자권형방법 및 단순경비율법이 있다.

제 10 장

연결사업연도소득에 대한 법인세

연결납세제도는 연결가능 모(母)회사와 자(子)회사를 하나의 경제적 실체로 보아 둘 이상의 회사를 하나의 과세단위로 소득을 합산하여 법인세를 과세하는 제도이다.

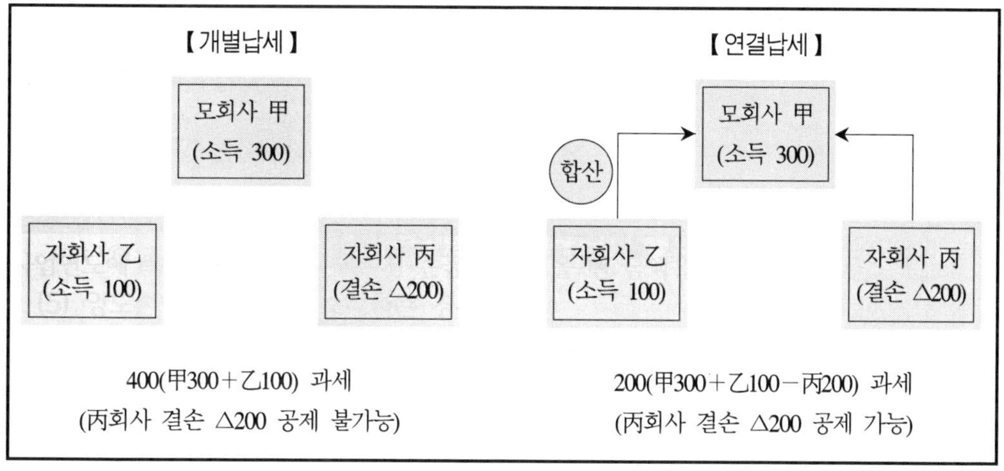

1. 연결과세표준의 계산

1-1 연결과세표준

각 연결사업연도의 소득에 대한 과세표준은 각 연결사업연도 소득의 범위에서 다음 금액을 차례로 공제한 금액으로 한다. 다만, 결손금 공제는 연결소득 개별귀속액의 80%(중소기업과 회생계획을 이행 중인 기업 등은 100%)를 한도로 한다.

- 각 연결사업연도의 개시일 전 15년 이내에 개시한 연결사업연도의 결손금(연결 이월결손금)
- 각 연결법인의 비과세소득의 합계액
- 각 연결법인의 소득공제액의 합계액

1-2 연결사업연도의 결손금

연결사업연도의 결손금이란 각 연결사업연도의 소득이 0보다 적은 경우 해당 금액으로서 신고·결정·경정 또는 수정신고한 과세표준에 포함된 결손금과 해당 연결사업연도의 소득금액을 계산할 때 손금에 산입하지 아니하는 처분손실을 말한다.

가. 결손금

연결법인의 연결납세방식의 적용 전에 발생한 결손금은 각 연결사업연도의 소득 중 해당 연결법인에 귀속되는 소득(연결소득개별귀속액)을 한도로 공제한다. 연결소득개별귀속액은 다음과 같이 계산한다.

$$\text{각 연결사업연도의 소득금액} \times \frac{\text{해당 (연결)법인의 연결수정소득금액(0 이상)}}{\text{연결집단의 연결수정소득금액의 합계액(0 이상)}}$$

나. 자산처분손실

내국법인이 다른 내국법인의 연결가능 자법인이 된 이후 연결납세방식을 적용한 경우 연결납세방식을 적용한 사업연도와 그 다음 사업연도의 개시일부터 4년 이내에 끝나는 연결사업연도에 발생한 자산(연결납세방식 적용 전 취득한 자산으로 한정)의 처분손실은 해당 연결사업연도의 소득금액을 계산할 때 해당 연결소득개별귀속액(해당 자산처분손실 공제 전 금액)을 한도로 손금에 산입한다. 이 경우 한도를 초과하여 손금에 산입하지 아니한 자산처분손실은 연결사업연도의 결손금으로 보고 연결소득개별귀속액을 한도로 이후 연결사업연도의 과세표준에서 공제한다.

2. 각 연결사업연도 소득의 계산

각 연결사업연도의 소득은 각 연결법인별로 다음의 순서에 따라 계산한 소득(또는 결손금)을 합한 금액으로 한다. 순서①에 순서②를 적용한 결과 수입배당금 익금불산입, 기부금과 기업업무추진비 손금불산입의 효과가 제거된 각 사업연도의 소득이 산출된다. 여기에 순서③을 적용하면 연결법인 간에 발생한 내부거래 및 미실현손익이 제거된 각 연결법인별 각 사업연도의 소득이 산출된다.

순 서	계 산 내 용
①	(연결 전) 연결법인별 각 사업연도의 소득(또는 결손금)의 계산
②	연결법인별 연결조정(수입배당금 · 기부금 · 기업업무추진비 조정)항목의 제거
③	연결법인 간 거래손익의 조정(내부거래 및 미실현손익 제거)
④	연결조정항목의 연결법인별 배분

2-1 연결법인별 각 사업연도 소득의 계산(순서①)

각 연결법인의 각 사업연도의 소득(또는 결손금)을 계산한다. 각 사업연도의 소득은 해당 사업연도에 속하는 익금의 총액에서 손금의 총액을 뺀 금액을 말한다.

2-2 연결법인별 연결조정항목의 제거(순서②)

연결조정항목이란 수입배당금, 기부금 및 기업업무추진비를 말한다. 순서①에서 연결 전에 각 연결법인은 각 사업연도의 소득을 계산할 때 수입배당금의 익금불산입, 기부금과 기업업무추진비의 손금불산입 규정을 적용하여 세무조정하였다. 순서②에서는 세무조정의 효과를 제거한 소득을 계산하려는 것인데, 그 이유는 연결집단을 한 개의 법인으로 보아 수입배당금의 익금불산입, 기부금과 기업업무추진비의 손금불산입 규정을 다시 적용하려는 것이다.

2-3 연결법인 간 거래손익의 조정(순서③)

각 연결법인 간에 발생한 거래와 그 거래손익을 제거하는데, 연결집단을 한 개의 실체로 보는 경우에는 해당 거래와 그 거래손익은 내부거래와 미실현손익에 해당하기 때문이다.

연결법인 간 거래손익의 조정대상은 다음의 4가지로 한정한다.

조정대상	조정내용
수입배당금액	다른 연결법인으로부터 받은 수입배당금액을 익금불산입
기업업무추진비	다른 연결법인에 지급한 기업업무추진비를 손금불산입
대손충당금	다른 연결법인에 대한 채권에 대해 설정한 대손충당금을 손금불산입
자산양도손익	유형·무형자산 등(양도손익이연자산)을 다른 연결법인에 양도함에 따라 발생하는 손익을 익금(또는 손금)불산입

가. 유형·무형자산 등

유형·무형자산 등(양도손익이연자산)이란 양도시점에 국내에 소재하는 다음의 하나에 해당하는 자산을 말한다.

▪ 감가상각자산 중 유형자산(건축물 제외) ▪ 감가상각자산 중 무형자산 ▪ 매출채권, 대여금, 미수금 등의 채권	거래 건별 장부가액이 1억원 이하인 자산은 양도손익이연자산에서 제외할 수 있음
▪ 「자본시장과 금융투자업에 관한 법률」(3조 ①)에 따른 금융투자상품 ▪ 토지와 건축물 ▪ 외국법인의 주식 등(해당 외국법인의 주식 등을 다른 연결법인에 전액 양도하는 경우에 한함)	

나. 양도손익이연자산 처분손익의 이연

양도손익이연자산을 다른 연결법인(양수법인)에 양도함에 따라 발생한 연결법인(양도법인)의 양도소득 또는 양도손실은 익금 또는 손금에 산입하지 아니하고, 양수법인에게 다음의 어느 하나의 사유가 발생한 날이 속하는 사업연도에 다음의 산식에 따라 계산한 금액을 양도법인의 익금 또는 손금에 산입한다. 이는 처분손익에 대한 거래손익의 조정을 이연한 후 양수법인이 해당 유형·무형자산 등을 장부에서 제거하는 시점에 거래손익을 조정하려는 것이다. 다만, 해당 양도손익이연자산의 양도에 대하여 부당행위계산의 부인 규정이 적용되는 경우에는 그러하지 아니한다.

(1) 양도손익이연자산을 감가상각하는 경우(A 또는 B 중 선택 가능)

$$\text{A : 양도소득(또는 양도손실)} \times \frac{\text{감가상각액}}{\text{양수법인의 장부가액}}$$

$$\text{B : 양도소득(또는 양도손실)} \times \frac{\text{해당 사업연도의 월수}}{\text{양도손익이연자산의 내용연수 중 경과하지 아니한 기간의 월수}}$$

(2) 양도손익이연자산을 양도(다른 연결법인에 양도하는 경우는 제외)하는 경우

$$\text{양도소득(또는 양도손실)} \times \text{양도손익이연자산의 양도비율}$$

(3) 양도손익이연자산에 대손이 발생하거나 멸실된 경우

$$\text{양도소득(또는 양도손실)} \times \frac{\text{대손금액 또는 멸실금액}}{\text{양수법인의 장부가액}}$$

(4) 양도한 채권의 지급기일이 도래하는 경우

$$\text{양도법인의 양도가액} - \text{양도법인의 장부가액}$$

(5) 양도손익이연자산을 소각하는 경우

$$\text{양도소득(또는 양도손실)} \times \frac{\text{소각자산의 장부가액}}{\text{양수법인의 장부가액}}$$

2-4 연결조정항목의 연결법인별 배분(순서④)

연결집단을 하나의 법인으로 보아 수입배당금의 익금불산입액과 기부금 및 기업업무추진비의 손금불산입액을 계산하고, 해당 금액(익금 또는 손금불산입) 중 다음과 같이 계산한 금액을 각 연결법인별로 익금(또는 손금)불산입한다. 순서④를 적용한 결과로 산출된 금액을 연결수정소득금액이라 한다.

가. 연결법인의 수입배당금액의 익금불산입액

$$\text{연결집단의 수입배당금 익금불산입액} \times \frac{\text{해당 연결법인의 출자비율}}{\text{수입배당금액을 지급한 법인에 출자한 각 연결법인의 출자비율의 합계액}}$$

나. 연결법인의 기부금의 손금불산입액(㉠+㉡)

㉠ 해당 연결법인이 지출한 기타 기부금(특례 또는 일반기부금 외 기부금)

㉡ 연결집단의 특례(또는 일반)기부금 한도초과액 $\times \dfrac{\text{해당 연결법인의 해당 기부금 지출액}}{\text{각 연결법인의 해당 기부금 지출액의 합계액}}$

다. 연결법인의 기업업무추진비의 손금불산입액(㉠+㉡)

㉠ 해당 연결법인이 지출한 기업업무추진비 중 적격증거자료 요건을 갖추지 못한 기업업무추진비

㉡ 연결집단의 기업업무추진비 한도초과액 $\times \dfrac{\text{해당 연결법인의 해당 기업업무추진비 지출액}}{\text{각 연결법인의 기업업무추진비 지출액의 합계액}}$

3. 연결산출세액 등의 계산

각 연결사업연도의 소득에 대한 법인세(연결산출세액)는 연결과세표준에 법인세율을 적용하여 계산한다.

연결산출세액 = 연결과세표준 × 법인세율

또한 연결산출세액 중 각 연결법인에 귀속되는 금액(연결법인별 산출세액)은 다음과 같이 계산하는 것이 원칙이다.

【원칙】 연결법인별 산출세액 = 과세표준 개별귀속액 × 연결세율

다만, 다음의 경우에는 각 계산식에 따른 금액을 연결법인별 산출세액으로 하며, 연결법인에 토지등 양도소득에 대한 법인세가 있는 경우 이를 가산한다. 다만, ㈎ 및 ㈏에 모두 해당하는 연결법인은 【특례Ⅰ】 및 【특례Ⅱ】에 따른 연결법인별 연결산출세액을 합한 금액으로 한다.

㈎ 다음의 어느 하나에 해당하는 연결자법인이 있는 경우

- 연결자법인의 해당 연결사업연도 소득금액에 다른 연결법인의 결손금이 합하여진 경우
- 연결자법인의 연결소득 개별귀속액에서 다른 연결법인의 결손금이 공제된 경우

【특례Ⅰ】 연결법인별 산출세액 = Ⓐ × Ⓑ ÷ Ⓒ

Ⓐ : 연결법인별 소득에서 각 연결사업연도의 과세표준 계산시 공제된 결손금(해당 법인에서 발생한 결손금을 해당 법인의 소득에서 공제한 금액에 한함)과 비과세소득 및 소득공제액을 뺀 금액(「각 연결법인별 조정과세표준 상당액」)

Ⓑ : 연결법인별 Ⓐ에 해당하는 금액의 합계액에 법인세율을 적용하여 계산한 금액(「조정연결산출세액」)

Ⓒ : 연결법인별 Ⓐ에 해당하는 금액을 합한 금액(「조정과세표준 상당액」)

㈏ 다음의 어느 하나에 해당하는 연결자법인이 있는 경우

- 연결자법인의 해당 연결사업연도 결손금이 다른 연결법인의 소득금액에 합하여진 경우
- 연결자법인의 결손금이 다른 연결법인의 연결소득 개별귀속액에서 공제된 경우

【특례Ⅱ】 연결법인별 산출세액 = Ⓓ × Ⓔ ÷ Ⓕ

Ⓓ : 연결산출세액에서 ㈎의 계산식 중 Ⓑ에 해당하는 금액을 차감한 금액(「결손금 조정세액」)

Ⓔ : 연결법인별로 다른 연결법인의 소득에서 공제한 결손금과 다른 연결법인의 연결소득 개별귀속액에서 공제한 결손금을 합한 금액(「각 연결법인별 결손금 공제액」)

Ⓕ : 모든 연결법인의 Ⓔ에 해당하는 금액을 합한 금액(「총 결손금 공제액」)

한편, 다음의 하나에 해당하는 경우에는 위의 【원칙】에 따라 산출한 금액을 연결법인별 연결산출세액으로 할 수 있다.

- 연결모법인이 모든 연결자법인을 완전 지배하는 경우
- 연결사업연도 종료일 현재 연결자법인의 발행주식총수 또는 출자총액(연결법인이 보유하지 않은 주식 또는 출자지분으로 한정함)의 90% 이상의 동의를 해당 연결사업연도의 소득에 대한 법인세 과세표준과 세액의 신고기한 내에 받은 경우

3-1 과세표준 개별귀속액

과세표준 개별귀속액은 해당 연결법인의 연결소득개별귀속액에서 각 연결사업연도의 과세표준 계산시 공제된 결손금(해당 연결법인의 연결소득개별귀속액에서 공제된 금액)과 해당 연결법인의 비과세소득 및 소득공제액을 뺀 금액을 말한다.

과세표준 개별귀속액 = 연결소득개별귀속액 − 연결이월결손금 − 비과세소득 − 소득공제액

3-2 연결세율

연결세율은 연결사업연도의 소득에 대한 과세표준에 대한 연결산출세액(토지 등 양도소득에 대한 법인세 제외)의 비율을 말한다.

$$\text{연결세율} = \frac{\text{연결산출세액}}{\text{연결과세표준}}$$

4. 정산금의 배분

연결산출세액이 없는 경우로서 다음의 경우에는 결손금 이전에 따른 손익을 정산한 금액(정산금)을 다음과 같이 연결법인별로 배분하여야 한다. 다만, 다음의 하나에 해당하는 경우에는 정산금을 각각 0으로 할 수 있다.

- 연결모법인이 모든 연결자법인을 완전 지배하는 경우
- 연결사업연도 종료일 현재 연결자법인의 발행주식총수 또는 출자총액(연결법인이 보유하지 않은 주식 또는 출자지분으로 한정함)의 90% 이상의 동의를 해당 연결사업연도의 소득에 대한 법인세 과세표준과 세액의 신고기한 내에 받은 경우

4-1 연결모법인에 지급하는 경우

다음의 어느 하나에 해당하는 연결자법인이 있는 경우에는 해당 연결자법인이 정산금을 연결과세표준의 신고기한(각 연결사업연도의 종료일이 속하는 달의 말일부터 4개월 이내)까지 연결모법인에 지급한다.

- 연결자법인의 해당 연결사업연도 소득금액에 다른 연결법인의 결손금이 합하여진 경우
- 연결자법인의 연결소득 개별귀속액에서 다른 연결법인의 결손금이 공제된 경우

이 경우 정산금은 다음과 같이 계산한다.

정산금 = Ⓧ × Ⓡ

Ⓧ : 연결법인별 「조정과세표준 상당액」
Ⓡ : 「Ⓒ 조정과세표준 상당액」에 대한 「Ⓑ 조정연결산출세액」의 비율 : 〔Ⓑ ÷ Ⓒ〕

4-2 연결자법인에 지급하는 경우

다음의 어느 하나에 해당하는 연결자법인이 있는 경우에는 연결모법인이 정산금을 연결과세표준의 신고기한까지 해당 연결자법인에 지급한다.

- 연결자법인의 해당 연결사업연도 결손금이 다른 연결법인의 소득금액에 합하여진 경우
- 연결자법인의 결손금이 다른 연결법인의 연결소득 개별귀속액에서 공제된 경우

이 경우 정산금은 「조정연결산출세액」을 해당 연결법인별로 「다른 연결법인의 소득에서 공제한 결손금」의 크기에 비례하여 각각 배분한 금액으로 한다.

정산금 = Ⓑ × ⓡ

Ⓑ : 「조정연결산출세액」

ⓡ : 연결법인별 「다른 연결법인의 소득에서 공제한 결손금」

÷ 연결법인별 「다른 연결법인의 소득에서 공제한 결손금」의 합계액

「다른 연결법인의 소득에서 공제한 결손금」의 크기를 계산할 때 2 이상의 연결법인이 해당 연결법인의 결손금을 공제하는 경우 각 연결소득 개별귀속액(해당 법인에서 발생한 결손금을 공제한 금액)의 크기에 비례하여 공제한다.

제 11 장

법인과세 신탁재산에 대한 과세특례

앞에서 설명한 바와 같이 신탁의 수탁자에게 법인세 납세의무가 있는 경우에는 그 신탁재산을 내국법인으로 본다. 이 경우 내국법인으로 보는 신탁재산(법인과세 신탁재산) 및 이에 귀속되는 소득에 대하여 법인세를 납부하는 신탁의 수탁자(법인과세 수탁자)에 대해서는 이 규정(법인과세 신탁재산에 대한 과세특례)을 「법인세법」 제1장(총칙) 및 제2장(내국법인의 각 사업연도의 소득에 대한 법인세)의 규정에 우선하여 적용한다.

1. 신탁재산에 대한 법인세 과세방식

법인과세 수탁자는 법인과세 신탁재산에 귀속되는 소득에 대하여 그 밖의 소득과 구분하여 법인세를 납부하여야 하며, 재산의 처분 등에 따라 법인과세 수탁자가 법인과세 신탁재산의 재산으로 그 법인과세 신탁재산에 부과되거나 그 법인과세 신탁재산이 납부할 법인세 및 강제징수비를 충당하여도 부족한 경우에는 그 신탁의 수익자(「신탁법」에 따라 신탁이 종료되어 신탁재산이 귀속되는 자를 포함)는 분배받은 재산가액 및 이익을 한도로 그 부족한 금액에 대하여 제2차 납세의무를 진다. 또한 법인과세 신탁재산이 그 이익을 수익자에게 분배하는 경우에는 이를 「배당」으로 본다.

2. 법인과세 신탁재산의 설립 및 해산 등

2-1 설립 및 해산

법인과세 신탁재산은 「신탁법」에 따라 그 신탁이 설정된 날에 설립된 것으로 본다. 이 경우 최초 사업연도의 개시일은 「신탁법」에 따라 그 신탁이 설정된 날로 한다. 또한 법인과세 신탁재산은 「신탁법」의 규정(제98조~제100조)에 따라 그 신탁이 종료된 날(신탁이 종료된 날이 분명하지 아니한 경우에는 「부가가치세법」에 따른 폐업일)에 해산된 것으로 본다.

2-2 사업연도

법인과세 수탁자는 법인과세 신탁재산에 대한 사업연도를 따로 정하여 법인 설립신고 또는 사업자등록과 함께 납세지 관할 세무서장에게 사업연도를 신고하여야 한다. 이 경우 사업연도의 기간은 1년을 초과하지 못한다.

2-3 납세지

법인과세 신탁재산의 법인세 납세지는 그 법인과세 수탁자의 납세지로 한다. 관할 지방국세청장(또는 국세청장)은 법인과세 신탁재산의 납세지가 그 법인과세 신탁재산의 납세지로 적당하지 않다고 인정되는 경우로서 다음의 어느 하나에 해당하는 경우에는 그 납세지를 지정할 수 있다.

① 법인과세 수탁자의 본점 등의 소재지가 등기된 주소와 동일하지 않은 경우
② 법인과세 수탁자의 본점 등의 소재지가 자산 또는 사업장과 분리되어 있어 조세포탈의 우려가 있다고 인정되는 경우

2-4 공동수탁자가 있는 경우

하나의 법인과세 신탁재산에 「신탁법」에 따라 둘 이상의 수탁자가 있는 경우에는 수탁자 중 신탁사무를 주로 처리하는 대표수탁자로 신고한 자가 법인과세 신탁재산에 귀속되는 소득에 대하여 법인세를 납부하여야 한다. 이 경우 대표수탁자 외의 수탁자는 법인과세 신탁재산에 관계되는 법인세에 대하여 연대하여 납부할 의무가 있다

3. 법인과세 신탁재산에 대한 소득공제

법인과세 신탁재산이 수익자에게 배당한 경우에는 그 금액을 해당 배당을 결의한 잉여금 처분의 대상이 되는 사업연도의 소득금액에서 공제한다. 그러나 배당을 받은 법인과세 신탁재산의 수익자에 대하여 「법인세법」 또는 「조세특례제한법」에 따라 그 배당에 대한 법인세가 비과세되는 경우에는 소득금액에서 공제하지 아니한다. 다만, 배당을 받은 수익자가 「조세특례제한법」에 따라 동업기업과세특례를 적용받는 동업기업인 경우로서 그 동업자들(그 동업자들의 전부 또는 일부가 상위 동업기업에 해당하는 경우에는 그 상위 동업기업에 출자한 동업자들)에 대하여 배분받은 배당에 해당하는 소득에 대한 법인세가 전부 과세되는 경우에는 그 금액을 사업연도의 소득금액에서 공제한다.

한편, 공제하는 배당금액이 해당 배당을 결의한 잉여금 처분의 대상이 되는 사업연도의 소득금액을 초과하는 경우 그 초과금액은 없는 것으로 본다.

4. 신탁의 합병 및 분할

법인과세 신탁재산에 대한 「신탁법」에 따른 신탁의 합병은 법인의 합병으로 보아 「법인세법」을 적용한다. 이 경우 신탁이 합병되기 전의 법인과세 신탁재산은 피합병법인으로 보고, 신탁이 합병된 후의 법인과세 신탁재산은 합병법인으로 본다. 또한 법인과세 신탁재산에 대한 「신탁법」에 따른 신탁의 분할(분할합병 포함)은 법인의 분할로 보아 「법인세법」을 적용한다. 이 경우 신탁의 분할에 따라 새로운 신탁으로 이전하는 법인과세 신탁재산은 분할법인 등으로 보고, 신탁의 분할에 따라 그 법인과세 신탁재산을 이전받은 법인과세 신탁재산은 분할신설법인 등으로 본다.

5. 법인과세 신탁재산의 소득금액 계산 등

수탁자의 변경에 따라 법인과세 신탁재산의 수탁자가 그 법인과세 신탁재산에 대한 자산과 부채를 변경되는 수탁자에게 이전하는 경우 그 자산과 부채의 이전가액을 수탁자 변경일 현재의 장부가액으로 보아 이전에 따른 손익은 없는 것으로 한다. 또한 법인과세 신탁재산에 대해서는 "성실신고확인서"(「법인세법」 제60조의2) 및 "중간예납의무"(「법인세법」 제63조)를 적용하지 아니한다.

저자 약력

[김 상 미]

- 이화여자대학교 상경대학 경영학과 경영학사
- 서울대학교 대학원 경영학과 경영학석사
- 이화여자대학교 대학원 경영학과 경영학박사
- 공인회계사, 세무사
- 각종 국가공인자격시험 출제위원 역임
- (현) 국립창원대학교 세무학과 조교수

[이 용 호]

- 성균관대학교 경상대학 통계학과 경제학사
- 성균관대학교 대학원 회계학과 경영학석사
- 성균관대학교 대학원 경영학과 경영학박사
- 공인회계사, 세무사
- 행정고시, 9급·7급 국가 및 지방공무원, 세무사·관세사·공인중개사 시험 출제위원
- (현) 국립창원대학교 세무학과 명예교수

인 지
생 략

2026 개정판 법인세 기본 정가 15,000원

2021년 1월 15일 초 판 발행
2023년 1월 13일 개 정 판 발행
2024년 2월 20일 개정3판 발행
2026년 1월 30일 개정4판 발행

저 자 | 김상미 · 이용호
발행인 | 이 서 원
발행처 | 세연 T&A

주 소 | 서울특별시 용산구 한강대로76길 16 (남영동 114) 영진빌딩 2층
전 화 | (02) 798－0048 팩스 | (02) 798－0049
홈페이지 | www.sytaxbook.com
등 록 | 1999년 9월 17일 제302-2003-000046호

* 저자와의 협의에 의해 인지를 생략합니다. ISBN 978－89－92145－97－8 93320

이 인쇄물(본문)은 푸른전남체, 빛고을광주체, 이순신돋움체, 서울한강체, 경기천년바탕체, KoPub 돋움체 · 바탕체, 대한체를 사용하여 작업하였습니다.